はじめに

　最近、「仕事が楽しくない」という保育者さんに出会うことがあります。保育という仕事は、昔から大変な仕事ではありましたが、一方でほかの職業では体験することができない「楽しい仕事」でもありました。でも、ここ数年、保育者による不適切な対応、犯罪や災害などへの危機感、コロナだけでなく様々な感染症の拡大、猛暑により温度計とにらめっこする毎日など、私たちは安全・衛生・事故防止を毎日のように社会や保護者から要求され、「決められたルールを守ること」と「新しい知識を覚え、マニュアル化し、繰り返し訓練する」ことに手いっぱいになっている状況ではないでしょうか？　これだけでは保育は魅力的な意味を見出すことはできません。

　そもそも、保育という営みの中で「子どもの命を守ること」は大切なことではありましたが、同じように大事にしていたことがあるのではないでしょうか？　それは子どもたちとの「今、ここ」の瞬間を尊重し、それをもとに、子どもと一緒に生活を作り上げていくのが保育の神髄だったと思います。

　本書は、子どもたちの「今、ここ」を保育につなげるためのヒントがたくさん書かれています。まずは巻頭ページを読んで、それから、目の前の子どもたちの姿に合うあそびを本編で見つけてください。そして、同僚の保育者と「あそびのねらい」を共有してください。このように本書を活用してもらうことで、「保育のおもしろさ・楽しさ」を取り戻していけるのではないかと信じております。

鈴木八朗

この本の使い方

この本の読み方や使い方を示しています。日々の活動の中で、目の前の子どもの「サイン」を見つけたら、あそびを通して保育に役立てましょう。

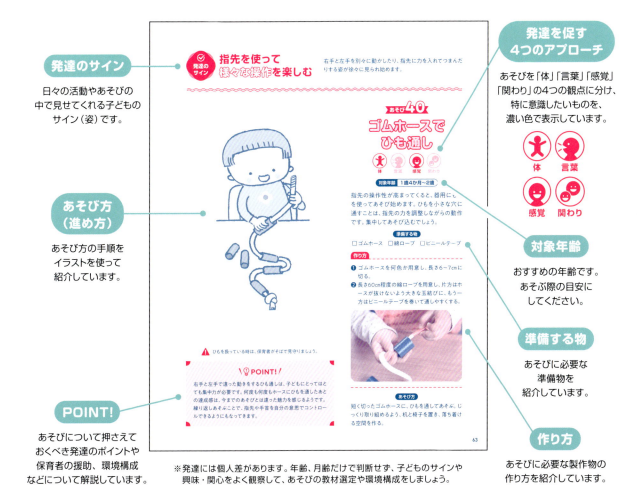

※発達には個人差があります。年齢、月齢だけで判断せず、子どものサインや興味・関心をよく観察して、あそびの教材選定や環境構成をしましょう。

CONTENTS

はじめに …………………………………… 2
この本の使い方 …………………………… 3

楽しみながら心身が育つ
子どもの発達とあそび

子どもによりそう発達応援あそび ……… 10
発達を促す4つのアプローチ …………… 12
　体(身体機能)／言葉(認知)／感覚(感覚統合)／関わり
年齢で見られる発達のサイン …………… 20
　0・1・2歳児／3・4・5歳児
あそびにはタイムラインがある ………… 24
　絵本のタイムライン／積み木のタイムライン／
　描画のタイムライン／はさみのタイムライン

0・1・2歳児のあそび

あそび 1	モビールどこどこ？ …………… 32
あそび 2	ころころスロープ ……………… 32
あそび 3	ガラガラでスキンシップ …… 33
あそび 4	おもちゃどこ？ ………………… 34
あそび 5	いろいろタッチ ………………… 35
あそび 6	オーガンジーあそび …………… 36
あそび 7	カップでいないいないばあ … 36
あそび 8	おうまパカパカ ………………… 37
あそび 9	キラキラペットボトル ………… 38
あそび 10	紙芯マラカス …………………… 39
あそび 11	引っ張りカンカン ……………… 40
あそび 12	無限ティッシュ ………………… 41
あそび 13	なめて・かんで・しゃぶってあそび ……………………… 41
あそび 14	表情であそぶ …………………… 42
あそび 15	素材いろいろ …………………… 43
あそび 16	わらべうたであそぶ …………… 44

あそび 17	アクティブタッチ	44
あそび 18	色のパズル	45
あそび 19	形のパズル	46
あそび 20	興味のあるものに手を伸ばそう	47
あそび 21	棒くぐり	48
あそび 22	箱押し車でレッツゴー	49
あそび 23	マットの山のぼり	50
あそび 24	マットの上でゴロゴロ	50
あそび 25	はいはいの延長、つかまり立ち	51
あそび 26	横への移動、伝い歩きでタッチ！	52
あそび 27	壁の写真、見っけ！	53
あそび 28	お出かけ大好きバッグ	53
あそび 29	トンネルでくぐりっこ	54
あそび 30	これなあに？	55
あそび 31	ホース落とし	56
あそび 32	葉っぱ落とし	56
あそび 33	マグネットシートはがし	57
あそび 34	シールあそび	58
あそび 35	積んだり崩したり	59
あそび 36	お手玉並べ	60
あそび 37	カラー板並べ	61
あそび 38	カード落とし	62
あそび 39	ふた回しで「みーつけた！」	62
あそび 40	ゴムホースでひも通し	63
あそび 41	洗濯ばさみで動物さん	64
あそび 42	線路つなぎ	65
あそび 43	S字フックつなぎ	66
あそび 44	ひらひら布あそび	67
あそび 45	セロハンでオノマトペあそび	68

あそび46	手をたたきましょう♪	68
あそび47	鏡でこんにちは！	69
あそび48	お人形大好き！	70
あそび49	もしもし電話	71
あそび50	自己肯定感の種	71
あそび51	はいはい鬼ごっこ	72
あそび52	タワー作り	73
あそび53	マットの山越え谷越え	74
あそび54	はしご歩き	75
あそび55	跳び箱の山のぼり	75
あそび56	よーいどん&ストップ	76
あそび57	飛び石ジャンプ	77
あそび58	台からジャンプ	78
あそび59	スナップスネーク	79
あそび60	お魚フェルトボタン	80
あそび61	ボタンハンカチ	80
あそび62	タオルたたみ	81
あそび63	泡あわあそび	82
あそび64	ポンポン！スタンプ	83
あそび65	お花畑を作ろう	84
あそび66	新聞紙ビリビリ	84
あそび67	逆さま洗濯ばさみ	85
あそび68	マイバッグを持って探索・収集	86
あそび69	おせんべ やけたかな	87

0・1・2歳児のCOLUMN … 88

0歳は一人あそびの時期／
生活習慣もあそびから／
子どもの姿に表れにくい力も重要

3・4・5歳児のあそび

- あそび70 三輪車で発車オーライ …… 90
- あそび71 のぼっておりてタンバリン … 90
- あそび72 だるまさんが転んだ …… 91
- あそび73 カラーコーンリレー …… 91
- あそび74 ロープであそぼう …… 92
- あそび75 木のぼり …… 93
- あそび76 磁石の魚釣り …… 94
- あそび77 はさみでチョキチョキ …… 95
- あそび78 メモリーゲーム …… 96
- あそび79 ボールでサメゲーム …… 96
- あそび80 探しっこクイズ …… 97
- あそび81 絵本で言葉あそび …… 97
- あそび82 なりきりごっこあそび …… 98
- あそび83 雨の日散歩 …… 99
- あそび84 色水あそび …… 100
- あそび85 生きものはどこ？ …… 101
- あそび86 砂場あそび …… 102
- あそび87 うんてい どこまでできるかな …… 103
- あそび88 すべり台列車 きっぷを拝見 …… 104
- あそび89 おばけの バスケットボール …… 105
- あそび90 簡単ドッジボール …… 106
- あそび91 水泳選手になろう …… 107
- あそび92 いろいろなこま …… 108
- あそび93 ゴムパターン …… 109
- あそび94 三つ編み作り …… 110
- あそび95 イライラ棒 …… 111

あそび 96	○×クイズ	112
あそび 97	王様じゃんけん	113
あそび 98	頭の文字で言葉あそび	113
あそび 99	お当番活動	114
あそび 100	ぷちぷち絞り	115
あそび 101	お箸であそぼ！	116
あそび 102	手紙ごっこ	117
あそび 103	泥団子作り	118
あそび 104	すずらん美容院	119
あそび 105	世界の国旗	120
あそび 106	測ってみよう	121

あそび 107	いろいろ連想ゲーム	121
あそび 108	ぞうきんがけレース	122
あそび 109	子どもファッションショー	123
あそび 110	絵本でごっこあそび	124
あそび 111	みんなでお店屋さんごっこ	125
あそび 112	給食レストラン	126

3・4・5歳児のCOLUMN … 127

子どもの気になる行動が見られた時は／
片づけも「結ぶ」体験の機会に ／
〈くらき永田保育園の実践より〉
異年齢保育ではぐくまれるもの

⚠ 子どもたちと製作する場合の安全に関する注意事項

● 保育者の見守りの目がある中での紹介となります。本書で推奨される素材や道具については、この見守りの目がある中で使用されていることを想定しています。必ず保育者の目の届くところで行ってください。

● はさみを使う活動では、最初に使用時の注意点をよく説明し、使用している子どもから目を離さないでください。

● 誤飲・誤嚥・誤食につながる小さな素材の扱いには、十分ご注意ください。

● 絵の具、粘土、のり、植物などの直接体にふれるものは、アレルギー等に注意してください。また、子ども

が植物を口に入れたりしないよう、注意しましょう。使用後は必ず手を洗うようにご指導ください。

● ひも、またはひも状のものを使用する場合は、子どもの手指や首、体に巻きつかないように注意してください。

● 頭、体に着用するものは、きつくしめつけたり、周りに引っかけたりしないように注意してください。

● ポリ袋やビニールシートなどを使用する場合は、子どもが頭からかぶったり、顔を覆ったりしないように注意してください。

● 道具の設置やあそび場の設営などをする場合は、倒れたり外れたりしないように注意してください。

楽しみながら心身が育つ

子どもの発達とあそび

あそびは、子どもたちの
心と体の発達に直接つながっています。
子どもの発達とあそびの関係について、
詳しく解説します。

子どもによりそう
発達応援あそび

発達応援あそびを実践して、子どもたちの「成功体験」の機会を増やし、心身ともに成長する姿を見守りましょう。

子どもの発達と あそびの関係

　私の園では、「すべての発達はあそびで育てる」という標語があります。発達を促したいというねらいがあったとしても、子どもたちに嫌々練習させたり、トレーニングさせたりするのではなく、あそびを通して楽しみながら心身が育っていくという世界観が大切だと考えています。

　あそびは、子どもの好奇心をかき立てる絶好のツールです。やったことのないあそびでも、「あそびたい！」「やってみたい！」という思いがわきおこり、実際にやってみて成功した喜びが子どもの自信につながります。いつもやっているあそびを繰り返すだけでなく、子どもの興味・関心が高い、新しいあそびを提案し、常に子どもの「成功体験」の機会を増やしてあげたいものです。

　大人がやらせるのではなく、自ら「あそぶ」ことによって身についていく「運動機能」「社会性」「成功体験」などを、本書では「発達応援」ととらえています。感覚や運動面の発達に偏りがある子どもたちも含め、すべての子どもたちに適応できるよう、発達のサイン（子どもの姿）からあそびを探し出せる構成にしています。

子どもが主体的に 活動できる環境を

　保育者をしていると、つねに頭を悩ませるのが保育環境です。本書が、子どもたちが主体的に活動できる空間作りや働きかけのヒントになれば幸いです。保育所保育指針にも、「保育所における環境を通して、養護及び教育を一体的に行うことを特性としている」（第1章（総則）「1　保育所保育に関する基本原則」の（1）－イ）と書かれていますし、保育における環境は、人同士の関わりから準備する玩具、部屋の空間作りまで、すべてにつながる大事な存在です。

　「人的環境」「物的環境」「自然・社会環境」などの、子どもを取り巻くすべてに考慮しながら、子どもが自主的に活動できる環境を整えることを意識して保育を行っていきましょう。

よいしょ よいしょ

発達によりそう玩具の準備とあそびの実践

　子どもたちが「環境と出合うことにどのような意味があるのか」、さらに、「どのような興味や関心を抱き、関わろうとしているのか」ということについて、私たち保育者がどう学んでいったらよいのかは、誰も教えてはくれないのが現状です。

　本書では、子どもたち自身の意欲を伸ばし、自ら育つ力を引き出す観点から、「環境を作ることは、子どもたちの育ってほしい姿、また、子どもたちの育ちや学びの支援への想いをカタチにすること」と考え、それらを具体的に保育に生かしていけるように提案しています。「0・1・2歳児」と「3・4・5歳児」に大きく分け、さらにあそびを「体」「言葉」「感覚」「関わり」の4つの観点に分類しています。

　1つのあそびに1つの観点ということではなく、重なる場合があったり、運動あそびに見えるけれども、言葉の発達を促すあそびだったりする、といったこともあります。

　「今日、子どもたちにどんなあそびを提供しようか」と考える際、この4つの観点を意識することで、あそびの意図が明確になってくるでしょう。あそび名のそばにマークをつけていますので、参考にしてください。職員間での保育方針の共有や保護者に保育のねらいを伝える際にも役立ちます。

　「手先が不器用」「姿勢を保つことが難しい」といった子どもたちには「体あそび」を、「社会のルールを理解するのが難しい」「コミュニケーションが取りづらい」「人の気持ちを理解しづらい」といった人間関係を築くのが苦手な子どもたちには「関わりあそび」を提供したりするという使い方もできます。

　また、保育者が環境構成を考えていく上で大切な物的環境、それも「発達に見合った遊具や玩具の設定」についても、準備やあそび方の紹介とともに、たくさんの実践写真を掲載していますので、みなさんそれぞれの保育を考える際の参考に、この本を使ってもらうことを期待しています。

ウサギさんがピョーン！

うまく立てるかな……？

発達を促す
4つのアプローチ

あそびを「体」「言葉」「感覚」「関わり」の4つの観点に分けています。
それぞれ、ポイントや発達に見合った遊具や玩具の設定を参考にして実践してみましょう。

1 体（身体機能）

動詞で言えるもの
（入れる、出す、並べる、積む、ひねるなど）

発達には順序があり、活動やあそびが変わる

当たり前のことですが、ものを「つかむ」ことができない子どもが「つまむ」ことはできません。まだ寝返りができない子どもは「おすわり」ができません。このように、発達には順序性があり、その時々によって活動やあそびは変わっていきます。

動詞で言えるものをサインととらえて

子どもの発達を解説している本を見ていると、「発達のマイルストーン」という言葉によく出合います。日本では、街道の一里ごとに塚を築いてエノキを植え、標識とした一里塚という言い方がありますが、古くは外国でも街道沿いの所々に起点から何マイルあるかを記した石の柱を建て、これをマイルストーンと呼んでいました。つまり、「発達のマイルストーン」といえば、子どもたちの発達がどの段階まで進んでいるかを判断するための目安を意味します。

あそびのページでは、子どもたちの育ちの姿、例え
ば「にぎる」「並べる」「積む」「ひねる」「両足でジャンプする」など、動詞で言えるものをサインとしてとらえ、その時期にどのようなあそびを提供したらよいのかというアイディアをたくさん載せています。そして、子どもたちがその技能を獲得したいと思った時、何度も何度も同じ行動を繰り返します。それがまさしく集中したあそびでもあるのです。

子どもが今必要な援助は何かという視点で

一方、大まかな年（月）齢と運動の発達サインもマイルストーンで示せますが、あくまでもひとつの指標であり、子どもたちの成長発達はひとりひとり違います。一定の速度ではなく、急にできるようになる時と、停滞している期間があることもあります。他児と比較するのではなく、今、必要な援助は何なのか、という視点であそびを考えてみましょう。

いっぱい歩くよー！

つかまり立ちから伝い歩きへ移行する時期におすすめの「箱押し車」。両手で持って、「いち・に・いち・に」。リズムよく押してあそびます。

上手にのぼれたよ！

はいはいができるようになったら、でこぼこ道のマットで元気に楽しく！　のぼりおりの動作で、体を思い通りに動かす練習です。

「せーの」でジャーンプ！

たっち！

子どもは興味があるものを見つけると、上半身を起こしたり、体をひねったりして、手を伸ばして触ろうします。これも立派なあそびです。

両足を揃えて跳んだり、手を上げて跳んだり、手を床につけた状態から跳んだり。「飛び石ジャンプ」は様々な体の動きを経験できます。

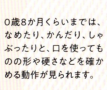

もぐもぐ何だろう!?

0歳8か月くらいまでは、なめたり、かんだり、しゃぶったりと、口を使ってものの形や硬さなどを確かめる動作が見られます。

13

2 言葉（認知）

名詞、形容詞で言えるもの
（色、形、素材、音、大きさ、長さなど）

見本となる言語環境の大切さ

　いつの間にか言葉を吸収し、口にするようになっている子どもたち。ある時期になると、自然に言語獲得をしているように見えますが、実は見本となる言語環境が整っていなければ、子どもは豊かな言葉を獲得することはできません。言葉を発するためには、周りの大人たちが話している言葉に意味があるということに気づき、徐々にその意味がわかってくるという育ちの環境がそこには存在しています。

言葉を獲得するための環境作り

　私たち保育者は、子どもたちが言葉を獲得していく環境をどのように作っていったらよいのでしょうか。ポイントは、「体験と言葉が一緒に訪れる機会」をたくさん経験できることだと思っています。例えば、ぽかぽかした日差しの中で心地よさそうにあそんでいた子どもに、「気持ちいいね〜」と声をかけた時、子どもの体の体験（感じ方、見え方など）に言葉が与えられ、それが積み重なることで、言葉の意味を理解して活用できるようになっていくことです。
　機械的に文字を覚えさせるメソッドでは、気持ちを分かち合うような力ははぐくまれません。また、図鑑を見ているだけでは、会話する能力は身につきませんし、「あいうえお」を読めたとしても、絵本の世界を楽しむ力が身についたことにはなりません。

心も一緒に育てる必要がある

　生きた言葉を体得するためには、○○を知っているという認知の力だけではなく、何かを伝えたい、想いを共有したいという心も一緒にはぐくまれなければなりません。ですから、ひとりでまたは友達と玩具を使った楽しいあそびの場面を積み重ねる経験や、子どものそばにいる大人（保育者）や友達がどのように関わっているのかも大切な環境のひとつになります。
　あそびのページでは、「情緒的交流」「物の名前がわかる」「関連性に気づく」「自分の体験をもとにした言葉を使う」といったことを意識した、たくさんのアイディアを紹介しています。

ふわふわしてる!

いろいろな素材のものを触ってあそびます。どんな触り心地かを感じて言葉にできるよう、保育者が具体的な言葉をかけるとよいでしょう。

〇〇ちゃんが笑ってるね!

ものには名前があることを理解するためのしかけ、「壁の写真、見っけ!」。大好きな友達の写真やかわいい動物などの写真を壁にはってみましょう。

赤と黄色をこっちにして……

「色のパズル」は、体験と言葉が一致する経験を積めるあそび。ものの色や形に興味が向いた時におすすめです。

大きいね!

ものの素材や大きさなど、あそびの中で保育者が言葉にすると、あそびながら想像力や語彙力が身につきます。

あっ、入った!

様々な形の積み木を箱の中に落とす「形のパズル」。あそぶ時に、保育者が「これは三角だね」などと言葉をかけながら関わると、形を認識することに役立ちます。

15

③ 感覚（感覚統合）

五感＋前庭覚（揺れ、傾き、重力、スピードなど）＋固有受容覚（力加減、バランスなど）

五感を含めたあらゆる感覚が統合され、行動している

　感覚には、五感といわれる「視覚」「聴覚」「触覚」「嗅覚」「味覚」など、なじみのある感覚だけではなく、重力や体の傾き、スピードなどを感じる「前庭覚」や、自分の体の位置や力の入れ具合を感じる「固有受容覚」など、日常生活であまり意識していない感覚もあります。これらはひとつひとつがばらばらに存在しているわけではないので、あらゆる感覚が整理され、統合されることで、私たちは周囲の環境や状況を把握し、行動しています。

頭と体をたくさん使って、感覚をはぐくむ

　最近は、不器用な子どもが多いとか、気になる子どもが多いといった声が、保育や教育の現場でよく聞かれます。様々な原因があるのだと思いますが、一つの理由として、世の中に便利なものが増えすぎてしまい、人が頭と体を使わなくなってしまったことも挙げられるでしょう。

　あそびのページでは、感覚の中でも基本となる感覚系「触覚」「前庭覚」「固有受容覚」をはぐくむためのあそびも紹介しています。

感覚の「感じ方」は人それぞれ

　感覚は集中力や注意力にも影響を与える重要なものですが、人によって「感じ方」が違います。過敏だったり、鈍感だったりというのは個人差があり、体調などでも変化するものでもあります。

　さらに、「感覚統合」というものは積み木を積み上げるように発達するといわれているので、乳児期から基礎となる感覚を積み上げていかなければ、年齢が上がっても巧緻動作などの細かい動きが自分の思い通りにできません。また、様々な事柄が統合されていないと概念形成もできづらいため、言葉を使うということも難しくなってしまうくらい、重要なのです。

この形なーんだ？

子どもの自由な発想で、ボードの釘にゴムをかけて幾何学模様などの絵を作る「ゴムパターン」。習熟してくると、表現あそびにも発展。

木の上で何か見つけた！

木のぼりは、既成の遊具とは違って不安定要素が多いので、空間能力や判断力が鍛えられます。枝にぶら下がるだけでも楽しいあそびに。

コロコロコロ速いねー！

スロープを転がる玩具は、その大きさや形などによって動き方やスピード、音が異なります。それらの特徴を言葉にしてあそびましょう。

たくさん釣れたよ！

釣りたい魚に合わせて、釣り竿と糸を空中でコントロールする動きはとても難しいですが、自分の体を制御することにもつながってきます。

それ、それ、それ！

ロープやタオルなどを引っ張りっこ。引いたり押したりする力加減とバランス感覚が身につくあそびです。

17

4 関わり

情緒や社会性を促すもの
（保育者や友達とのやり取り、絵本や人形など）

みんなで取り組み、応答的に関われるあそびを

　ここ数年、「協同的なあそび」の大切さがうたわれ、人と関わる過程の中で、他者の思いや考えに気づき、それに応えたり、受け入れたりしていく経験を積むことができるあそびの重要性が高まっています。友達と一緒に取り組みたいことを見つけ、共通の願いや目的を見出し、自ら力を合わせて取り組んでいくという過程を幼児期に経験する必要があります。そして、この応答的な関わりがある保育を行う際の前提条件として、物的環境が整っているかどうかが重要です。

あそびの道具や自然物など、興味を引く環境作りを

　保育室にあそぶための「モノ（玩具など）」がないと、その結果、子どもたちは「ヒト（保育者）」を玩具の対象と考え、保育者の周りに集まり、保育者の取り合いが始まります。でも、あそび道具や興味を引くものの環境があれば、それをきっかけに、「子どもと大人」という人間同士だけではなく、「子どもと道具や自然物」という人とものの間でも成立し、様々なところで応答的・対話的な姿が見られるようになります。

まずは保育者が子どもとの関わり方を振り返る

　別の視点として、子どもたちが他者と関わろうという気持ちをもつために、まずは身近な大人である保育者との愛着関係（アタッチメント）がしっかり形成されていることが大切です。あそびを通して、子どもの気持ちをくみ取り、思いを代弁したり、スキンシップを取ったりすることが重要です。
　また、子どもたちの「関わる力」をはぐくんでいくためには、心地よい大人との応答の経験や、気持ちを共感してもらった経験が大切です。あそびの場面に限定されるものではありませんが、子どもの気持ちをくみ取り、代弁したり、様々な感情に共感できているかを振り返ったりしながら、保育環境を最適化させていくことが大切です。

人間関係が築ける玩具やあそびの工夫を

　さらに、豊かな人間関係をはぐくむために、保育者だけではなく、友達と一緒にあそぶ楽しさを味わったり、相手の思いに気づいたりする経験を重ねられる玩具やあそびを活用していきましょう。
　あそびのページでは、必要に応じて関わり方についても解説していますので、ぜひ参考にしてみてください。

「みんな、給食の時間ですよー!」

日常生活の一部をあそびに重ねて、給食ごっこ。園にあるいろいろな玩具を食材に見立てて、みんなで楽しい給食の時間です。

「どんな髪型にしますか?」

美容院ごっこの真っ最中。エプロンや椅子なども用意して、美容師になりきって夢中であそびます。時には保育者も一緒に入って、様々なやり取りを楽しみましょう。

「これとこれをバッグに入れて」

自分専用のバッグを持って、買い物するように何かを入れてあそぶだけでも楽しいです。そのバッグを持ってお出かけすれば、あそびが発展します。

「そろそろお昼寝の時間だよ」

人形を使った見立てあそび。道具や言葉のやり取りを駆使して、自分の経験や生活と重ねて再現する姿が見られるでしょう。

年齢で見られる 発達のサイン

日々の活動やあそびの中で、子どもたちは様々なサイン（姿）を見せてくれます。個人差はありますが、年齢で特有のサインを見逃さないようにして、あそびにつなげましょう。

0・1・2歳児

0・1・2歳児にとってのあそびとは

　乳幼児期の子どもは、生きていくために必要な様々な力を、あそびを通して獲得していきます。しかし、そのために「今はこのあそびをしましょう」と保育者が一方的に押しつけるのはよくありません。大切なのは、子どもに今どんな"発達のサイン（発達に関する特徴的な子どもの姿）"が見られるのかをしっかり捉えることです。

　子どもは、自分の力を「どう伸ばしたいのか」をわかっていて、"発達のサイン"を出しています。子どもの姿に表れるサインを捉えて、その発達に働きかけるあそびを提供することで、子どもが自分で伸びていく力を後押しすることが大切です。

　0・1・2歳児期には、脳に入ってくる感覚情報を交通整理するための「感覚統合」と、手指や体の使い方を習得する「機能獲得」の分野で著しく発達します。P.31からは、この2つの分野に働きかけるあそびを中心に紹介します。

年齢ごとの発達のようす

0〜8か月頃	ねんねから寝返り、おすわりをするようになるまでの時期です。クーイングや身振りを通して、コミュニケーションの第一歩が始まります。
9か月〜1歳3か月頃	はいはいからつかまり立ち、伝い歩きまで、様々な運動機能を獲得する時期です。小さいものをつまめるようになり、手指を使ったあそびが盛んになります。
1歳4か月〜2歳頃	一人歩きができるようになり、外の世界への好奇心が高まる時期です。自我が芽生え、何でも自分でやりたがる気持ちが強まります。
2歳1か月〜2歳11か月頃	走る、跳ぶなどの運動機能が著しく発達する時期です。語彙も少しずつ増えてきて、言語でのコミュニケーションも可能になります。

発達のサインは、こんなところに表れる

発達のサインを捉えるために、以下の4つのポイントに注目してみましょう。このポイントに当てはまるサインが、今、子ども自身が獲得したい力（機能）の表れです。そのサインに合わせ、あそびや環境を準備しましょう。

POINT 1 　何度も繰り返す

握る、振る、引っ張る、積む、並べるなどの行為を何度も繰り返すのは、その機能を獲得しようとしている表れです。それが、例えば「ティッシュペーパーを引き出す」などのように大人にとって困る行為だとしたら、それを楽しいあそびに落とし込むよう工夫するとよいでしょう。

POINT 2 　承認を求める

自分がやった行為に対して、「できた！」と手をパチパチとたたいたり、保育者のほうを見たりして承認を求める様子が見られることがあります。そんな姿に気づいたら、アイコンタクトをとってにっこりとほほえみ、「見ていたよ」「わかっているよ」と伝えましょう。

POINT 3 　まねをする

保育者やほかの子がやっている行為をじっと見てまねをしたがる姿も、その機能を獲得したいという表れです。この時期の子どもは見てまねるので、保育者はよく見えるようゆっくり見本を示すとよいでしょう。その際、行為を見せるだけでなく、「きらきらしていてきれいだね」など、それに伴う感情も言葉で表すように心がけましょう。

POINT 4 　自らやりたがる

誰かに促されたわけでなくても、自分の意思でやりたがる行為にも注目してみましょう。そんな姿を引き出すためには、その子自身が自分で選べるように、様々な機能をもった玩具などを設定しておくとよいでしょう。

3・4・5歳児

3・4・5歳児にとってのあそびとは

　3・4・5歳児にとってのあそびは、発達を促すものであると同時に、社会性や協同性など様々な力をはぐくむためのものでもあります。友達と一緒にいろいろなあそびをする中で、協力したり、時にはぶつかり合ったりしながら、人と人との関わり方やコミュニケーションの取り方を学んでいくのです。

　様々なあそびの中でも、子どもたちの身近な生活の再現である「ごっこあそび」は、年齢や発達に合わせて楽しめるあそびです。5歳児にもなれば、複数の子どもたちが自分たちでアイディアを出し合ったり、ルールを考えたり、役割をもったりしながらオリジナルの世界を作っていくようになります。ごっこあそびは、まさにクリエイティブなあそびです。

　3・4・5歳児では、子ども同士でのあそびが重要な時期です。年齢にもよりますが、保育者はあそびを主導するのではなく、一歩下がったところで見守りましょう。保育者が少し距離をおくことで、子どもたち自身で考えて取り組む姿が生まれていきます。

年齢ごとの発達のようす

3歳頃	運動機能がさらに発達し、複雑な動きができるようになる3歳児。言語能力の発達に伴ってコミュニケーションが取れるようになり、友達と一緒にあそぶ楽しさにも目覚める時期です。
4歳頃	全身をコントロールしながら巧みに体を操るようになります。自分と他者を分け、相手の気持ちを想像することで、自制心や葛藤する気持ちが芽生え始めます。
5歳頃	運動能力がますます伸び、竹馬や跳び箱にも挑戦するようになります。他者への思いやりも育ち、周りの友達と大きな目的を共有して、自発的に協同作業をするようになります。

「昨日何食べた?」「回転ずし!」。そんな会話から、「回転ずしごっこ」に発展。粘土で作った本格的なすし屋さんです。

すずらんテープで作ったウィッグをつけて、美容院ごっこ。店員役と客の役に分かれて、ごっこあそびを楽しみます。

3・4・5歳児の頃の保育者の役割とは

まずは自由なあそびをよく観察して、子どもたちの興味・関心がどこにあるかを探りましょう。そして、発達の状況をよく見て、環境設定や教材選定をすることが大切です。保育者はあそびに介入しすぎず、子どもたちの発想ややりたい気持ちを十分に読み取りましょう。保育者は、以下の4つの視点でサポートしながら、なるべく子どもたち同士であそべるよう見守ります。「子どもたちができること、やりたいこと」を大切にした、「見守る援助」を心がけましょう。

POINT 1 話し合いの場を設ける

4・5歳児なら、あそびのアイディアを出し合うために、子どもたち同士、みんなで話し合える時間と場を設けます。年齢や集団にもよりますが、保育者はなるべく話し合いを主導せず、子ども同士の話し合いを見守りましょう。

POINT 2 あそびのアイディアを提供する

子どもの興味やイメージの世界をさらに膨らませるために、「それ、おもしろいよね」と子どもの姿を認めながら、「こうやると、どうなるかな？」などと、子ども自身があそびを深められるアイディアを提供しましょう。

POINT 3 道具を作るなど環境を整える

3歳児ではイメージの共有が難しいこともあるので、あそびのイメージを膨らませる道具を作るなど、環境を整えましょう。それをきっかけに、子どもたちからさらなる発想が生まれてくるかもしれません。

POINT 4 見本を示す、気づかせる

イメージを共有しづらかったり、子ども同士ではあそびのアイディアが浮かびづらい時は、子どもたちがよりイメージしやすいように「レストランで、お店の人は何をしていたかな？」「なんて言っていたかな？」などと言葉をかけたり、絵本を読んだりなどして、子どもが自ら気づけるような工夫をしましょう。

あそびには タイムラインがある

子どもの発達に沿った活動やあそびを行う際に、指標となるタイムライン。
環境設定や活動中の言葉かけに役立てましょう。

発達には順序性がある

世の中には「よい玩具」「よいあそび」というものがたくさん存在しますが、それらが子どもたちの育ち（発達）と合っていなければ、「よい玩具」といわれるものでも楽しくあそぶことはできません。
「発達のマイルストーン」は、子どもたちの発達がどの段階まで進んでいるかを判断するための目安を意味します。はいはいひとつ取っても「ずりばい」➡「四つばい」➡「高ばい」というように、発達には順序性があるので、保育者は運動発達のマイルストーンを見ながら保育計画を立て、適切なあそび環境を作らなければなりません。

このように大きな時間の流れで子どもたちを見ていくのと並行して、短期間の時間の流れ、その「玩具」や「あそび」という「モノ」と「コト」に出合ってからの時間の経過にも注目しなければなりません。本書では、この時間の流れのことを「あそびのタイムライン」と呼んでいます。

モノの理解のタイムライン

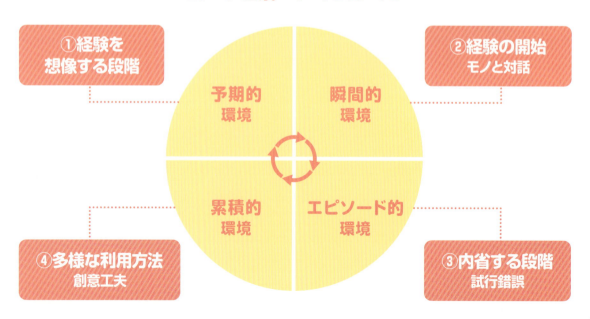

タイムラインには段階がある

「あそびのタイムライン」には4つのステージがあります。最初は、❶人のことを見ながら、また、「モノ」や「あそび」を見ながら、経験を想像して、心の中に「やってみたい」がわき上がる段階です。次に、❷その「モノ」にふれ始める段階です。思った通りに体や指先を動かせなかったりするので、何度も何度もあそびを繰り返す、モノと対話していく段階です。続いて、❸繰り返しあそぶ中で習熟度も上がり、その過程でモノやコトを自分の中に取り込むようになり、試行錯誤して自分なりのコツなどを習得する段階です。そして最後に、❹例えば、積む玩具を使いこなしていく中で、その玩具以外も「積む」とおもしろいというひとつの行為をほかにも応用できるようになり、創意工夫する段階を迎えます。

このように、同じ「モノ」や「コト」と子どもが関わるにしてもタイムラインがあり、その子がどのステージなのかを見極めながら言葉をかけたり、環境を整えたりしていくことが大切です。

他児と比較せず、その子の発達のペースで

ここで注意しておきたいのは、このタイムラインもマイルストーンもひとつの指標であり、子どもの発達はそれぞれ速度が違うということ。他児と比べるのではなく、「どのくらいの発達段階なのか」を見ることが重要です。発達は階段を1段ずつ上がるようなものなので、急に段を飛ばして上がることはできません。

次に「絵本の楽しみ方」「はさみの使い方」「描画のかき方」などのあそびのタイムラインを紹介していきますが、他児と比べたり、また、年齢や月例の到達目標として見たりするのではなく、子どもの「今」を理解するために活用してもらえることを望んでいます。

「あそびのタイムライン」4つのステージ

❶ 人のことを見ながら、また、「モノ」や「あそび」を見ながら、心の中に「やってみたい」がわき上がる段階。

❷ 何度も「あそび」を繰り返し、「モノ」と対話をしてく、その「モノ」にふれ始める段階。

❸ 「あそび」を繰り返す中で、自分なりのコツなどを習得する段階。

❹ ひとつの行為をほかにも応用できるようになり、創意工夫する段階。

絵本のタイムライン

それぞれの年齢・発達によって、興味を示す絵本は異なります。子どもの反応を見て選ぶとよいでしょう。

絵本を通して子どもの興味・関心を引き出す

視力の発達が未熟な乳児期の子どもには、「まる」「さんかく」「しかく」といった単純な形や、「赤」「青」「黄」など原色が多く使われている、形や色がはっきりした絵本、そして「ころころ」「てんてん」などの繰り返しの言葉、同じような音で構成されたリズミカルな言葉の絵本が向いています。

1・2歳くらいは、身近なあそびや生活の中に興味・関心が広がっていく時期です。身の回りの関心ごとがテーマになっている絵本選びがポイントになります。また、二語文程度で簡潔に綴られた物語の繰り返しも楽しめるようになってきます。

3歳を過ぎると言葉の数が増え、想像力も豊かになってくるので、簡単なストーリーのある内容も理解できるようになります。桃太郎やかぐや姫など、日本古来の昔話は3歳頃から楽しむことができるといわれています。また、特定の分野に興味をもち始める時期でもあります。乗り物や動物、虫、植物、恐竜など、子どもの「知りたい」という気持ちをはぐくむ内容の絵本もおすすめです。

ワンワンいたね

0〜1歳

ハッキリとした色づかいで、言葉のリズムが心地よい絵本を好む。

2〜3歳

簡単な物語の絵本を楽しめるようになる。ストーリーやフレーズに繰り返しがある絵本を好む。

4〜6歳

物語の主人公に共感したり、想像の世界の出来事に深く入り込んだりしながら絵本を楽しむ。

積み木の
タイムライン

同じ「積み木」という玩具でも、年齢や発達によってあそび方、関わり方が次第に変化していきます。

積み木は
発達を促す万能玩具

　積み木はその名の影響もあり、「積む」ためだけと思われがちですが、発達に応じて様々なあそび方ができる可塑性の高い玩具です。

　手でふれて感触を確かめたり、口に入れてなめてみたり、積み木とふれ合うことそのものがあそびとなります。6か月を過ぎる頃には、積み木を自分で持てるようになるので、両手で持って離す、積み木同士を合わせてカチカチと音を鳴らすような動作も始まります。1歳を過ぎると、積み木を積む以上に壊すことから始まり、だんだんと上に積んでいく楽しさを覚えていきます。2歳になった時には、座った目の高さまで、幼児なら自分の背の高さくらいまで高く積み上げることができるほど集中力も養われてきます。

0歳頃

木の積み木を両手に持ち、打ちつけてあそぶ。大人が積んだものを崩して楽しむ。

1歳頃

2〜3個積めるようになり、「積んでは崩す」を繰り返してあそぶ。1歳後半には3個以上積むようになる。

2歳頃

縦や横に積んだり、並べたりするだけでなく、積み木を何かに見立ててあそぶようになる。

描画のタイムライン

「自由にのびのびと表現することは楽しい！」と感じられるよう、目の前の子どもの姿に合う援助をしていきましょう。

子どもの絵の発達の順序性は万国共通

描画活動の中で見られる子どもの絵は、おおよそ次のように変化していきます。園で描画を指導する際、3つの段階を準備してステップアップしていくとよいでしょう。

❶ なぐりがき期
手の動きの軌跡として描かれるのが特徴です。初期のなぐりがきは、クレヨンなどを握って紙や手近のものをたたいたりしているうちに、点や短い線が描けるといったものです。肩の関節を軸にし、振り回すようなストロークで動かします。次にひじを使って一定の場所を往復するような、弓のような線を描くようになります。さらにひじと肩を使えるようになると、ぐるぐると丸い線が描けるようになります。ここまでは、手を動かすことによって紙の上がどんどん変化していく様子を楽しむような活動ですが、さらに発達が進むと、「ここで線を止める」や「線と線をつなげる」というように、自分の意志で線をコントロールしようとする姿が見られます。そして、目と手が協応し始め、スタートした場所から線を書き始め、その場所に線を戻すことができるようになると、丸などの「形」を描けるようになってきます。

❷ 象徴期
描いたものと自分の経験を関連させるようになる時期です。描いた丸などの形に、「ママ」などと意味づけをします。やがて、意味のあるものを描こうとし始めます。頭から直接手や足が出て、胴体がない頭足人を描いたり、羅列的に描いたりするのもこの頃です。

❸ 図式期
家の中を透視したような「レントゲン表現」、地面の基底線や空といった表現も現れてきます。

STEP 1 （〜1歳6か月頃） 跡をつけることを楽しむ

この時期の特徴
描画につながる第一歩は、「自分が手を動かすと痕跡が残る」と気づいて、興味をもつことから始まります。自分が動かした通りに跡がつくのがおもしろくて、「もっとやってみたい！」と探求心が刺激されるのです。

こんな援助を
握る力が弱いので、5本の指を使って握れる太めのクレヨンや、弱い力でも描ける柔らかいクレヨンを用意するとよいでしょう。手のひらや指に絵の具をつけて描くフィンガーペイントもおすすめです。また、右の写真のように、保育者が形を用意し、その中に子どもが描き込むようにしてもよいでしょう。

STEP2 (1歳6か月頃～3歳頃)

なぐり描きを楽しむ

この時期の特徴

手指の動きの発達により、クレヨンをしっかり握れるようになると、なぐり描きを楽しみます。初めはたたくように点や短い線を描きますが、徐々に長い線で弧を描くようになります。

こんな援助を

描かれたものを指して「リンゴ」「ママ」「ワンワン」などと意味づけして言うようになるので、その時は「リンゴ、赤いね」「リンゴ、甘くておいしいよね」「リンゴ、大好きだよね」など、言葉を足して返しましょう。子どもの中でイメージが広がって言語発達にもつながり、表現する力がはぐくまれていきます。

STEP3 (3～4歳頃)

輪や「頭足人」を描くようになる

この時期の特徴

3歳頃になると、最初に描き始めたところに戻って輪を描けるようになります。頭から手足が伸びた「頭足人」を描くようになるのもこの時期です。

こんな援助を

描くことを楽しんでいる時期なので、自由に大胆に描けるよう、大きめの紙を用意しましょう。大きな模造紙に、みんなで描くのもおすすめです。描くことに夢中で、クレヨンが紙からはみ出してしまうこともあるので、紙の下にクロスなどを敷いておくとよいでしょう。

STEP4 (4～5歳頃)

見たものや知っているものを描く

この時期の特徴

三角や四角などの記号を、見ながら描けるようになります。記憶力や思考力の発達も伴って、自分の知っているものや体験したことを描こうとするようになります。

こんな援助を

周りからの評価を気にする時期に入り、のびのびと描くことができなくなる子も増えます。色画用紙を用意したり、切り絵やちぎり絵をしたり、絵の具を使って野菜スタンプや手形アートをしたりするなど、様々な表現方法を取り入れて、「自由に表現するのは楽しい」という気持ちをはぐくめるよう工夫しましょう。

STEP5 (5～6歳頃)

もの同士のバランスをとって描く

この時期の特徴

図面に上下左右ができ、もの同士の大小のバランスをとって描くようになります。色も、実際に目で見た通りの色を使って、よりリアルに描くことが多くなります。画材による特徴の違いもわかるようになってきます。

こんな援助を

構図がパターン化して、どんなテーマでも同じような絵を描く子が増える時期です。いろいろな構図を楽しめるよう、鏡を用意して鏡に映る自分の顔を描いたり、友達と向かい合ってお互いの顔を描いたり、花や果物などを用意して、それに注目して描いたりするなど、工夫してみましょう。

はさみの タイムライン

手指の巧緻性が増して、はさみの使い方も上手になってきます。それぞれの段階で「チャレンジする」体験ができるよう、環境を設定しましょう。

楽しみながら はさみを使う体験を

描画のタイムライン（→P.28）と同様に、はさみの使い方も3つの段階を用意してステップアップしていくとよいでしょう。直線から曲線まで、楽しみながらやってみましょう。

❶ 一回切り
はさみを一回で動かして切る練習を行います。はさみを初めて使う時は、まずは一回切りから練習しましょう。

❷ 直線（連続）切り
一回切りに慣れてきたら、はさみを使う動作を繰り返し、「チョキチョキッ」と続け、はさみで紙を切ってみましょう。

❸ 曲線切り
連続切りの応用で、曲線に沿って紙を切ります。はさみのほうを動かすのではなく、紙を動かしながら切ることがポイントなので、紙を持つ手の動きが重要になってきます。

はさみのルール
- 髪の毛や服は切らない。
- はさみを持って歩いたり走ったりしない。
- 相手に渡す時は、きちんと刃を閉じてから刃の方を持って渡す。
- 使う時は必ず椅子に座って机の上で使う。
- 使い終わったら元の場所に片づける。

⚠️ はさみは、使用時使用後ともに安全面に配慮することが大切です。自分や友達がけがをする可能性があることを伝えた上で、上のルールを事前にしっかりと伝えましょう。また、収納場所とはさみの両方に番号をつけ、個別に収納場所がわかるようにします。

3歳頃

「チョキン」の一回切り。細いリボン状の紙を細かく切るのを楽しむ。自分で切れることがおもしろくて、何度も同じことを繰り返す。

4歳頃

まっすぐな線に沿って「チョキチョキ」と切り進めるように。慣れてくると、大きな円などカーブに沿って切れるようになる。

5歳頃

思い通りにはさみを使えるようになり、波形やジグザグなど複雑な線に沿って切れるようになる。

0・1・2歳児の
あそび

子どもにとって、あそびは成長、
発達に欠かせないものです。それぞれの月齢に合わせて、
どのようなあそびを取り入れていけばよいのか、
0・1・2歳児の発達応援あそびを紹介します。

発達のサイン 動くものを目で追う

低月齢の子でも、目の前にあるものをじっと見つめる姿が見られます（注視）。次第に頭が動かせるようになると、動くものを目で追うようになります（追視）。

あそび 1
モビールどこどこ？

体　言葉　感覚　関わり

対象年齢　～0歳8か月

追視が始まったら、ものに対する好奇心が増しています。ゆっくりと動くモビールなどを一緒に見ることを意識しながら、コミュニケーションを取りましょう。

準備する物
☐モビールなど

あそび方
モビールなどを一緒に見ながら、「かわいいチョウチョさんだね」「ゆらゆらしているね」などの言葉をかけて接する。

\💡POINT!/
生まれたばかりの頃の視力は0.01～0.02程度。30cmほど先のものしか見えません。4～6か月頃には180度の追視ができ、8～10か月頃から、大人が視線を向けたり、指をさしたりする意図を理解するようになり、その上で一緒に見るようになります。これを**「共同注視」**といい、「自分と他者と対象物」という**三項関係**が成立したことを意味します。

あそび 2
ころころスロープ

体　言葉　感覚　関わり

対象年齢　～0歳8か月

スロープを転がる玩具は、その大きさや形などで動きやスピード、音が違います。それらの特徴を言葉にしながら、あそんでみましょう。

準備する物
☐スロープを転がる玩具

あそび方
● 玉などがゆっくりと転がるスロープの玩具を用意して、転がっていく様子を見て楽しむ。
● 転がる様子や音を「ゴロゴロ音がするね」などと言い、音にも興味をもてるような言葉をかける。

\💡POINT!/
最初のうちは保育者が転がします。その際、子どもが玉を目で追えるようゆっくり転がしましょう。慣れてくると、子ども自身が投入するようになります。

32

発達のサイン 生き生きとした表情や動作をする

大人のあやしかけの反応として、3か月頃から社会的微笑が見られるようになります。大人への信頼感が生まれ、大切な存在に気づく重要な時期です。

あそび3
ガラガラでスキンシップ

 体　 言葉　 感覚　関わり

対象年齢 ～0歳8か月

あそびの場面だけでなく、おむつ交換の時に優しく肌にふれ、音の鳴る玩具を使ってスキンシップ。音を耳で聞くだけでなく、リズムに合わせて肌にふれる・動くという関わりも加えてみると、様々な感覚を刺激します。

準備する物
☐ マラカスや音の鳴る玩具（ガラガラ）など

あそび方
- 仰向けになっている子どもの見えるところで、優しく音を鳴らす。
- 子どもが手足を動かしたり、ほほ笑んだりしたら、音を鳴らして返す応答的なやり取りをする。

POINT!
音を聞くということは、無意識のうちに集中力を使います。また、音の聞き分けができるようになるので、先々、言葉を聞き分ける能力が発達する言語処理能力につながってきます。

カラカラカラ〜　楽しいね！

発達の
サイン

寝返りする、腹ばいで頭を上げる

4、5か月頃、首がすわってしばらく経つと、興味の対象のものや音に反応して、体をよじらせたり、寝返りしようとしたりします。また、腹ばいの姿勢から、腕で上半身を支えて頭を上げるようにもなります。

あそび 4

おもちゃどこ？

体　言葉　感覚　関わり

対象年齢 〜0歳8か月

玩具などが手の届かない距離にある時、子どもは体をねじったり寝返りしたりして取ろうとします。これだけでも十分に体を使ったあそびになります。

準備する物
☐ マット　☐ 玩具

あそび方
● 興味のあるものに手を伸ばすしぐさが見られたら、寝返りして手が届くあたりに、その玩具を置く。
● 危険がないよう、近くで保育者が見守りながら誘うように言葉をかける。

もうちょっとー

＼💡POINT！／

5か月を過ぎると、首や背中の筋力がついてくるので、顔を上げる姿勢が取れるようになってきます。それにより視界が広がり、周りの世界への興味がどんどん増えていくきっかけにもつながります。子どもの姿に合わせて、「アクティブタッチ」(P.44)、「興味のあるものに手を伸ばそう」(P.47)も取り入れていきましょう。寝返りや腹ばいをたっぷりできる安全な環境を整え、ねんねの子、よちよちの子など、それぞれ十分に体を動かせるよう活動スペースを分けることも重要です。

ざらざらしてるね

あそび5
いろいろタッチ

 体　 言葉　 感覚　 関わり

対象年齢　〜0歳8か月

マットのパーツの感触を楽しむあそびです。腹ばいであそぶことで、両腕で上半身を起こして頭を上げる動きを促します。こういった動きが、発語につながっていきます。

準備する物
☐ コルクマットやお風呂マットなど

あそび方
床にコルクマット、お風呂マットといった、様々な手触りのものを置いて、触ったりすることを楽しむ。

POINT!

子どもが言葉を発する力は、口の周りや口の中の筋肉など、「口全体の発達」と深く関係しています。うつぶせの状態で頭を上げてあそんだり、その姿勢のまま口に玩具を運んでなめたりといった行動も、発語が進むために必要です。また、視覚、聴覚、触覚など、脳に流れ込んでくる感覚の情報を整理して、今どの情報を優先すべきかを判断する働きを「感覚統合」といいます。感覚統合の発達には、見る・聞く・触るなど様々な刺激を感じる経験が大切。0歳の頃から、いろいろな素材にふれる機会を作りましょう。

 うつぶせであそんでいる時は、必ず保育者が近くで見守りましょう。

発達のサイン いない いない ばあ を好む

生まれたばかりの赤ちゃんに「いない いない ばあ」をしても反応は薄いですが、5か月頃から「キャッキャ」と喜び、期待する姿が見られるようになります。

あそび 6
オーガンジーあそび

体　言葉　感覚　関わり

対象年齢　〜0歳8か月

保育者の手の中からオーガンジーが見え隠れする様子に、子どもはすぐに反応します。「あった！」「ない！」などと状態を言葉にしながら、愛着関係を深めましょう。

準備する物
☐ オーガンジー

あそび方
① オーガンジーをくしゃくしゃに丸めて、保育者の手の中に隠す。
② 子どもの目の前で手をパッと開く。
③ オーガンジーがふわっと出てくる様子を一緒に楽しむ。

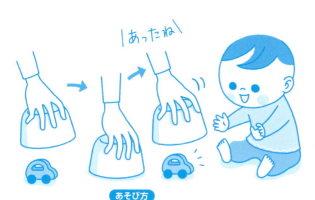

あそび方
① 子どものお気に入りの玩具をカップで隠す。
② 「おもちゃ、ないねぇ」と言いながら、カップを持ち上げて見せる。
③ 「あった！」と一緒に喜ぶ。

> \ STEP UP /
> もう少し月齢が進んだら、カップを2つ用意して、「どっちに入っているかな？」とあそぶのもよいでしょう。玩具は最初の位置から動かさず、「やっぱりこっちにあった」と"必ずある"ことを楽しみましょう。

あそび 7
カップでいないいないばあ

体　言葉　感覚　関わり

対象年齢　〜0歳8か月

子どもが興味を示す玩具を使って、注視を促しながら、「車」「あった」など意識して言葉にします。お気に入りの玩具が目の前で出たり消えたりすると、指さししたり声に出して反応したりします。

準備する物
☐ プラスチックカップ　☐ 玩具

発達のサイン **おすわりの姿勢が安定する**

7、8か月頃、頭と体を支える背骨周りの筋肉が発達して、おすわりの姿勢を保持できるようになります。視線の高さが変わるので、興味の対象もぐっと広がります。

あそび8
おうまパカパカ

体 言葉 感覚 関わり

対象年齢　～0歳8か月

床に置いたクッションなどをまたぐようにして腹ばいになり、歌に合わせて体を動かします。保育者は歌うように語りかけながら、子どもの腰あたりを両手で支え、援助します。

準備する物
- □ クッション（硬め）

あそび方
- 細長いクッションにまたがってあそぶ。
- 「おうま」（作詞／林柳波　作曲／松島つね）や「うまはとしとし」（わらべうた）などの歌に合わせて、体を上下に揺らすのもおすすめ。

- 転倒しないよう、保育者が支える、または近くで見守ること。
- 柔らかいクッションだと不安定なので、綿がしっかり詰まった硬めのクッションを選ぶこと。

♪うまはとしとし～

POINT!

7か月を過ぎると、腹ばいの姿勢から腕を突っ張って上体を起こしながら足を前に出し、おすわりの姿勢になることを繰り返し行うようになります。7、8か月頃、腰がすわって体の軸がしっかりしてきたら、大きなものをまたいで座れるようになります。「またぐ」という動作は、股関節を動かすという点でとても大切です。この時期の子どもがまたがってあそべるクッションを用意しましょう。

発達のサイン：親指と4本指でものを握る

6か月頃から、親指と4本指とでものを握ろうとする姿が見られるようになります。また、7か月頃になると、両手にそれぞれおもちゃを持ってあそんだり、左右で持ち替えたりするようにもなります。

あそび9　キラキラペットボトル

 体　 言葉　 感覚　 関わり

対象年齢　〜0歳8か月

この時期の子どもは、光るものや動くものが大好きです。中のビーズの動きにすぐに興味を示し、指さししたり、手を伸ばしたりします。実際にものを握って動作を促しましょう。

準備する物
□ペットボトル　□洗濯のり　□ビーズ　□水

あそび方
- ビーズを入れたペットボトルをつかんで、上下左右に動かしたり、ひっくり返したり、転がしたりして一緒にあそぶ。
- ビーズと一緒に、洗濯のりなど粘度のある液体を入れると、ビーズがゆっくりと動くのを楽しむことができる。

作り方

100ml程度の小さなペットボトルに、ビーズと洗濯のりと水を入れ、接着剤やグルーガンでキャップをしっかり固定する。

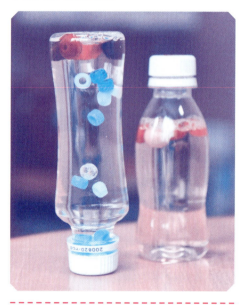

⚠ POINT!

手足を動かせるようになり、身の回りのものに興味・関心が高まると、積極的に見たり触ったりという探索が始まります。魅力的なものが近くにあって「触りたい」という気持ちになることが大切なので、じっと見ているという行為だけでも、子どもがたくさん経験できるようにしたいものです。保育者は、体を伸ばすと手が届くくらいの場所に玩具を置くなどの工夫をしてみましょう。

あそび 10
紙芯マラカス

体　言葉　感覚　関わり

対象年齢　〜0歳8か月

保育者が紙芯を振って音を出すと、子どもはすぐに鈴の音に興味を示し、紙芯を握ろうとします。大きく振ったり、強く振ったりして楽しみます。

準備する物
□紙芯　□フェルト　□鈴

あそび方
紙芯で作ったマラカスをつかんで振り、音を楽しむ。「きれいな音だね」など、子どもの驚きに共感する言葉かけを。

POINT!
ものをつかんだり握ったりする中で、偶然音が鳴るということは、この時期の子どもにとって、とても不思議でおもしろい出来事なのでしょう。そんなあそびを繰り返していく中で、自分が動くと音が鳴るというつながりがわかってくると、自分からマラカスを鳴らしてあそべるようになります。もちろん、玩具を与えるだけでなく、保育者がマラカスを振って音が鳴る楽しさを見せるというのも、子どもにとって大切な刺激となります。

作り方
1. ラップなどの紙芯に鈴を3個入れ、両端に丸く切ったフェルトを木工用接着剤ではる。中の鈴が出ないよう、しっかり固定する。
2. 芯の周りにもフェルトなどをはって飾りつけする。

コロコロってするね

発達のサイン　握って引き出す

8か月頃、自分の意思でものを握るようになったら、握ったまま引っ張る動作を行うようになります。握ったものを引き出すと出てくる、という変化がおもしろく、何度も繰り返します。

あそび 11
引っ張りカンカン

体　言葉　感覚　関わり

対象年齢　～0歳8か月

「握る」から「握って引っ張る」という2段階の動きの発達を促すあそびです。指先でオーガンジーの手触りを感じながら、隠れていたものが現れる楽しさも味わえます。

準備する物
- 空き缶　　オーガンジー　　キルティング布
- ゴムひも　　ビニールテープ
- 縫い針　　糸

あそび方

空き缶で作った、中が見えない容器に手を入れ、中にあるオーガンジーを引っ張り出してあそぶ。

作り方

1. 粉ミルクなどの空き缶（直径13cm程度）の口をビニールテープでカバーする。
2. 空き缶の筒の太さに合わせて長方形にキルティング布を切る。
3. 上部を山折りにして縫ってゴムひもを通し、子どもが手を入れられるようにする。
4. 底の部分は丸く切ったキルティング布を縫いつける。
5. 中にはオーガンジーの布（20×20cmくらい）などを5～6枚程度入れておく。

POINT!

ティッシュペーパーを無限に引っ張り出すようなあそびは、大人にとっては「困った」あそびですが、子どもたちにとっては握りやすいものを引っ張り出す楽しい行為。単純なように見えますが、「握る」「腕やひじを使う」、そして「手放す」という連続した行為が、その後の発達を支えるうえでの大切な体の動かし方でもあります。ここで紹介するオーガンジーのようなサイズ感であれば、腕を高くまで上げないと、缶から引っ張り出すことができません。子どもにとっては、全身運動のようにダイナミックに上半身を使っていることになるのです。

あそび 12
無限ティッシュ

体　言葉　感覚　関わり

対象年齢　～0歳8か月

支えなしで、一人でしっかりとおすわりができるようになってからのあそびです。ものを握って引っ張り出す動きを楽しみましょう。

準備する物
☐ ティッシュペーパーの空き箱
☐ 布　☐ 端切れ
☐ 縫い針　☐ 糸

作り方
❶ ティッシュペーパーの箱の側面に、2×15cmの穴を開ける。箱は布をはって補強する。
❷ 15cm四方の端切れを5～6枚用意し、角同士を縫い合わせ、箱の穴に通してつなぎ合わせて輪にする。

あそび方
つながった端切れを、ティッシュペーパーの箱から引き出してあそぶ。「たくさん出るね」と子どもの楽しさに寄り添う関わりを。

発達のサイン　口に入れて感触を確かめる

口を使って、ものの形や硬さなどを確かめるのは、この時期の子どもに見られる特有の行為です。区別なく口に運んでいるように見えますが、なめたりかんだりすると、徐々に子どもにとって心地よいお気に入りが見つかります。

あそび 13
なめて・かんで・しゃぶってあそび

体　言葉　感覚　関わり

対象年齢　～0歳8か月

口に入れても危険のない様々な素材や大きさのものを用意してみましょう。衛生的に心配になりますが、身近にある雑菌が子どもの体に抗体を作っているので、大切な視点なのです。

⚠ 誤飲しないよう、必ずそばに付き添い、注意深く見守りましょう。また、口に入れるものを直接床に置いてあそぶ際には、玩具や床をつねに清潔に保ちましょう。

あそび方
6～8か月の子どもは、手にしたものをすぐに口に持っていくので、なめたり、かんだり、しゃぶったりして素材の感触を楽しむ。

準備する物
☐ 玩具や口に入れても安心な素材（木製、プラスチック、タオル地、ゴム製）のもの

41

| 発達の
サイン | **手足を活発に動かし、反応する** | 聞き覚えのある声だけでなく、保育者の表情による働きかけに対して手足を活発に動かし、応答しようとする姿が見られます。 |

あそび 14
表情であそぶ

 体　 言葉　 感覚　 関わり

対象年齢　〜0歳8か月

世話をしてくれる人の声や顔を覚え始めた頃に、保育者が声を弾ませ、笑顔で近づき、優しくふれたりあやしたりという親密な関わりを重ねることで、感じる心がはぐくまれます。

あそび方

保育者は子どもに顔を近づけ、笑った顔のほか、泣いた顔、ベロベロバーなど、様々な表情をして反応をうかがう。

！POINT！
世話をしてくれる人の声や顔を覚えてくると、子どもは手足をばたばたさせたり笑顔で応答したり、あそんでもらうことを期待したりするようになります。そして、そのやり取りは保育者にとっても幸せな時間です。子どもも、笑顔でやり取りする時間の積み重ねに幸福を感じ、これからの生きる基礎になっていきます。

発達のサイン たくさんの言葉にふれる

3か月頃に首がすわってくると、発声器官が発達してきます。この頃の子どもは、舌や唇を使って喃語を話すようになります。

あそび 15
素材いろいろ

 体　 言葉　 感覚　 関わり

対象年齢　～0歳8か月

色や形、音など、子どもの興味に合わせて玩具を提供し、言葉をかけることを意識して繰り返します。子どもは安心・安全の楽しい空間の中で経験を積み重ねることで、さらにものの性質に気づくようになります。

準備する物

□マラカス　□カラーボール　□絵カードなど

あそび方

- 保育者が、子どもに見えるように玩具を見せ、振ったり転がしたりしながら、保育者の表情と言葉で素材のおもしろさを伝える。
- 子どもと一緒に「見る」こと、そして、喜びを表情に出し、言葉で伝えることを大切にする。

POINT!

この時期に言葉の意味と音をたくさん蓄積しておきましょう。鮮やかな色、きらきら光るものなど、子どもが興味を示すものをともに見ながら、言葉をかけることを意識します。それを続けることで、「まんま」は食べ物、「わんわん」はイヌというように、言葉とその意味の結びつきがわかるようになり、意味のある一語文として話し始めます。

発達のサイン 興味を示し、自ら関わろうとする

興味のあるものを見たら、手を伸ばしたり体勢を変えたりして取ろうとしていた姿から、ずりばいで自分から取りに行こうとする姿が見られます。大人との関わりでも、自ら「一緒にやって！」という姿が見られます。

あそび 16
わらべうたであそぶ

体　言葉　感覚　関わり

対象年齢　～0歳8か月

あそびの中でスキンシップを取りながら、周囲との関わりを楽しむあそびです。歌と動作を近くで感じながら、体を動かす楽しさを知り、手指の感覚を促します。

準備する物
☐ クッションなど

あそび方
子どもと向かい合って座り、保育者が「いっぽんばしこちょこちょ」などのわらべうたを口ずさむ。歌詞に合わせて子どもの体にふれたり、くすぐったりする。

あそび 17
アクティブタッチ

体　言葉　感覚　関わり

対象年齢　～0歳8か月

「おもちゃどこ？」（p.34）のように、手の届かないものを取ろうと、子どもは体を動かします。能動的に関わるよう、保育者が言葉をかけましょう。

準備する物
☐ 色つきの玩具　☐ 動く玩具　☐ 音が鳴る玩具

あそび方
はいはいやずりばいで届くような位置に玩具などを置く。握ったり、口に運んだり、それだけでも楽しいあそびに。

POINT!
触らせてあげるという「パッシブタッチ」は外部からの刺激を与えること。一方、自ら触りに行く「アクティブタッチ（能動的触覚）」は触覚だけではなく、関節なども動かしながらふれに行こうとするため、固有受容覚（※）も活用しながらあそんでいることになります。

※固有受容覚…自分の体の位置や動き、力の入れ具合を感じる感覚。

発達のサイン　ものの色や形に興味が向く

この時期に子どもたちの興味を引くものに、「感触、明るさ」があります。色の好みはありますが、明るさに敏感な時期なので、色の中でも明るい黄色、青、白、赤の玩具に手を伸ばす傾向があります。それに加え、様々な形の好みも表れる時期でもあります。

あそび 18　色のパズル

 体　 言葉　 感覚　 関わり

対象年齢　〜0歳8か月

今、周りで聞こえる音は何を指しているのか理解するには、体験と言葉が一致する経験を積み重ねるしかありません。ひとつひとつ、子どもが認識できるよう言葉をかけていきましょう。

準備する物
☐ 色の平面パズル

あそび方

- 大好きな保育者がやっている行為はそれだけでも子どもの好奇心を刺激するので、玩具を子どもの前に提示し、使い方の手本をゆっくりと見せることから始める。
- 最初は1ピースから始め、慣れてきたら5ピースくらいまでを使ってあそぶ。
- 自分でやってみたいという気持ちが高まり、何度も繰り返すこと（ものとの対話）が大切な時間に行うとよい。

POINT!

「あか・あお・きいろ」や「まる・しかく」といった言葉は子どもにも聞き取りやすいので、子どもが興味をもってあそんでいる場面と言葉が一致する体験を積み重ねていきましょう。

あそび 19
形のパズル

 体 言葉 感覚 関わり

対象年齢 ～0歳8か月

立体パズルは、形や方向が合うように自分で考えながらあそびますが、保育者は何の形かを子どもに伝え、言葉や形の認識を促しましょう。

準備する物
☐ 形の立体パズル

あそび方

床に形の立体パズルを置き、はじめは保育者が「これは三角だよ」などと形を言いながら手本を見せる。そのあとは、「四角をどうぞ」などと言いながら子どもに渡し、あそぶ。

＼💡POINT!／

いろいろな形の積み木を箱の中に落とす玩具は、指先や手首を動かしながら集中して何度も繰り返しあそぶことでしょう。そこで保育者が、「次は四角をどうぞ」と言葉をかけながら手渡すことで、一緒にあそんでいる感覚とそのものが「四角」という理解につながっていきます。楽しく言葉をかけてください。

発達のサイン ずりばいから はいはいへ

7・8か月頃にずりばい、9か月頃によつばいをするようになり、探索活動が活発になっていきます。

あそび20
興味のあるものに手を伸ばそう

体　言葉　感覚　関わり

対象年齢 0歳9か月～1歳3か月

子どもは興味があるものに、上半身を一方のひじで支えた状態で手を伸ばして触ったり取ったりしようとします。壁に思わず触りたくなるようなきらきらしたものなどを飾って、子どもの興味・関心を広げましょう。

準備する物
□ オーナメントなど

あそび方
ずりばいやよつばいで自由に動けるスペースを設け、子どもが手を伸ばしてふれられる高さにオーナメントなどを飾る。

＼POINT!／
上半身を支えたまま壁の飾りに手を伸ばそうとしたり、その高さにあるものに体の方向を変化させたりするなど、「体全体を使った好奇心」が伝わってきます。「触れる・引っ張れる・揺れる」といった玩具がおすすめです。

⚠ 壁などにはる飾りは、外れないようにしっかり固定しましょう。

発達のサイン はいはいからつかまり立ち、伝い歩きへ

10、11か月頃、はいはいで床についていた手が、壁や棚などに移動してはい上がろうとする姿が見られます。それがつかまり立ちに発展し、水平移動が加わることで伝い歩きへとつながっていきます。

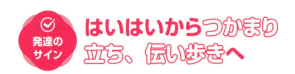

あそび21 棒くぐり

体　言葉　感覚　関わり

対象年齢 0歳9か月〜1歳3か月

はいはいをしながら体を動かすあそびです。すずらんテープをくぐるのが楽しいです。子どもに合わせて、棒の高さをいろいろと変えてやってみるとよいでしょう。

準備する物
□棒　□すずらんテープ

あそび方
❶ 2人の保育者がすずらんテープのカーテンをつけた棒の両端を持つ。
❷ その下を、子どもがはいはいでくぐる。
❸ 子どもの姿を捉えながら、「ワニさんみたいだね」「ネコちゃんだ!」など、はって進む楽しさに共感する言葉をかける。

POINT!

股関節の柔軟性は、身体能力や運動能力に直結しています。この時期にたくさん股関節を動かしましょう。また、はいはいは全身のバランスや全身の筋力を向上させる大事な運動です。急いでつかまり立ちなどを促さず、はいはいを十分にできる空間で移動を促しましょう。

あそび22
箱押し車でレッツゴー

体　言葉　感覚　関わり

対象年齢 0歳9か月～1歳3か月

つかまり立ちから伝い歩きへ移行する時期におすすめなのが、車輪のない箱押し車です。両手で持ち手をつかみながら前に進みます。

準備する物
□紙パック　□紙芯　□段ボール箱
□布や包装紙　□ビニールテープ

作り方
❶ 紙パックを18個用意し、それぞれ折りたたんだ紙パックを詰めて頑丈にする。
❷ ❶を3個×2列を1段として並べ、全部で3段分重ねてテープなどで固定する。
❸ 紙芯3本をビニールテープでコの字に固定し、段ボール箱に穴を開けてはめ込み、固定する。
❹ ❷と❸をしっかり固定し、周りを布や包装紙で包む。

あそび方
紙パックなどで作った、手押し車を押してあそぶ。「いち・に・いち・に」など、子どもの歩く喜びに共感する言葉かけを。子どもの「やりたい」に応えられるよう、車は複数用意しておく。

あそび 23
マットの山のぼり

体　言葉　感覚　関わり

対象年齢 0歳9か月〜1歳3か月

平坦な床ではいはいができるようになったら、床にマットを重ねてのぼりおりの運動あそびをしてみましょう。

準備する物
☐マット　☐クッションや枕など

あそび方
クッションや枕の上にマットを敷いて作ったでこぼこ道の上を、はいはいでのぼったりおりたりする。

発達のサイン　安心して寝ている

ゴロゴロしたり眠ったりするようになるのは、園に慣れ、安心できるようになった証。乳児が園生活に対応できているかどうかは、睡眠の変調の有無が重要なサインでもあります。

あそび 24
マットの上でゴロゴロ

体　言葉　感覚　関わり

対象年齢 0歳9か月〜1歳3か月

子どもにとっては休息も重要。でも、休息の時も体位変換しながら周りの世界を確認しています。マットの上で寝転がるのも大切なあそびの時間なのです。

準備する物
☐マット　☐玩具

あそび方
マットの上で、ゴロゴロしてゆったりと過ごす。

| 発達の
サイン | 床についていた手を壁にタッチする | はいはいや高ばいを十分に行って、腰や背中の筋力がついてくると、目の前の壁などにつかまって立ち上がるようになります。 |

あそび25
はいはいの延長、つかまり立ち

体　言葉　感覚　関わり

対象年齢 0歳9か月〜1歳3か月

壁など、何かものにふれてつかまり立ちをするようになります。つかまり立ちができると格段に視野が広がり、これまで以上に興味も広がり、自分の目線よりも高い位置にあるものに手を伸ばそうとします。

準備する物
☐ ぬいぐるみなど

あそび方
- 保育室の壁や棚の上などに危ないものがないか確認し、子どもの目線よりも少し高い位置に、その子になじみのあるものをいくつか置いておく。子どもの動作を注意深く見守る。
- つかまり立ちができたら、「すごいね」とほめたり、「あれは何かな?」などと、目線よりも少し高い位置にあるものに指さししたりしながら言葉をかける。笑う、声に出すなど、興味を示す様子が見られたら、「○○ちゃんの好きなぬいぐるみだね」などとやり取りする。

POINT!
最初は、体幹が前に傾いた状態でものにつかまります。手で体を引き上げるので、手や腕が強い子はつかまり立ちしやすいですが、手や腕の力のみに頼ってつかまり立ちをしている場合は、足腰や背中の筋力がまだついていないことが多いです。そのため、ふらついたり転倒することもあるので注意しましょう。

発達のサイン つかまり立ちから移動する

子どもはつかまり立ちを覚えたら、次は横への移動を試みます。興味のあるものに向かって、ものにつかまりながらゆっくり歩く、伝い歩きをし始めます。

あそび26 横への移動、伝い歩きでタッチ！

 体　 言葉　 感覚　 関わり

対象年齢 0歳9か月～1歳3か月

今まで座って楽しんでいた玩具を、子どもの目線よりも少し高い位置や、手を伸ばせば届く位置にぶら下げておくと、ものにつかまって横に移動し、取ろうとします。

準備する物
- ボード　　結束バンド　　強力両面テープ
- 興味を示しそうなアイテム（電卓、スプリングヘアゴム、コンパクトミラー、リボン、ひも、リモコン、キャスター、プラスチックチェーン、シリコン製氷皿など）

あそび方
- 部屋の壁に、手作りしたビジーボードなどをぶら下げておく。
- 子どもは見つけると、伝い歩きをするなどして触ってあそぶ。

作り方
1. ボードに、結束バンドや強力両面テープなどで、アイテムの配置を考えながらつけていく。
2. 1ができたら、設置する場所を決め、結束バンドなどでしっかり固定する。

POINT!
徐々に立つ姿勢が安定し、支えていた手を動かし、脚を横に移動させるのが"伝い歩き"です。"立っち"ではありません。つかまり立ちは、手の力も使って体を支えるので、手を離すとバランスを崩します。立っちは、足首やひざなどの関節や筋肉を微調整し、足の裏で体を支えます。上手に立てるようにたくさん伝い歩きが楽しくなる環境を作りましょう。

発達のサイン 興味・関心のある場所に移動する

はいはいが安定してくると、自ら興味・関心のある場所に移動する姿が見られます。

あそび 27
壁の写真、見っけ！

対象年齢 0歳9カ月～1歳3カ月

大好きな友達やイヌ・ネコといったかわいい動物の写真などを見れば、子どもは関心を示します。「これはイヌ」「車」などと、ものの名前をひとつひとつ伝えていきましょう。

準備する物
☐ 子どもたちが興味をもちそうな写真や絵カードなど

あそび方
写真や絵カードなどを何枚か用意し、保育室の壁に飾る。この時、子どもの目線が届く高さに飾るとよい。興味を示している時に「〇〇ちゃん、笑っているね」などの言葉をかける。

POINT!
ものには名前があるということを理解するためのしかけとして、壁に子どもたちの好きな写真などをはっておくのがおすすめです。何をはるか迷った時は、「乗りもの・食べもの・生きもの」の3つの「もの」を選ぶとよいでしょう。

あそび 28
お出かけ大好きバッグ

対象年齢 0歳9か月～1歳3か月

ものを持ちながら移動したり、袋に興味のあるものを入れたりするだけでも楽しい行為です。それがバッグなら、入れたものを保育者に見せに来てくれたり、お買いもの気分で部屋を散歩したりします。

準備する物
☐ バッグ（小）

あそび方
最初はバッグの中に様々なものを入れることがあそびとなる。そのうち、それを持って歩き出した時に、保育者のところに来たりするので、「〇〇ちゃんはお外に散歩に行く時、何を持っていく？」「バッグに入れたものを見せてくれるかな？」などというやり取りをしてあそぶ。

発達のサイン 自分の体を思い通りに動かそうとする

土台となる様々な感覚が安定し、ボディイメージが形成されてくると、自分の体の輪郭や大きさ、力の入り具合、体の傾き具合などをだんだんと実感できるようになります。

あそび29
トンネルでくぐりっこ

体　言葉　感覚　関わり

対象年齢 0歳9か月〜1歳3か月

トンネルあそびやジャングルジムなどの「くぐりあそび」は、ボディイメージを育てるのに役立ちます。また、手で体重を支えて移動する動きは、肩や腕を鍛えることにつながります。

準備する物
☐ トンネル（くぐれるもの）

あそび方
はいはいの状態で頭（首）を下げたり、屈んだり、はったりしながらトンネルをくぐる。保育者は出口側で待ち、子どもが安心して進んでこられるようにする。

POINT!

「この幅や穴なら通れそう」「このくらいの距離なら跳び越えられそう」と判断できるようになることはとても大切です。自分の体の大きさや動かし方に注意を向けるあそびがボディイメージを高めるので、自身の体を使い、時には失敗もしながら、試行錯誤することが重要です。

発達のサイン 興味のあるものを指さす

10か月を過ぎる頃、興味のあるものを指さして、大人に知らせる姿が表れます。まだ言葉は話せなくとも、盛んに身振りで自分の思いを伝えようとします。

あそび30 これなあに？

 体 言葉 感覚 関わり

対象年齢 0歳9か月～1歳3か月

保育者が絵本を読み進め、子どもは興味をひかれる絵を見ると、指さしして反応します。子どもが能動的に関われるよう心がけるとよいでしょう。

準備する物
☐絵本

あそび方
絵本のストーリーを追うよりも、描かれているものを共有することを楽しむ時期。「あ、ここにネコちゃんがいるね！」などと保育者が絵本の中のものを指さしたり、「ネコちゃんはどこにいるかな？」と言葉をかけたりしながら指さしを楽しむ。

ワンワンいたね

💡POINT！

指さしとはいっても発達により意味合いが増えてきます。最初は自分の興味・関心のあるものを見つけた時に指をさす「自発の指さし」から始まり、そのことで「相手と自分」という二者の関係の中にいた子どもが、「自分と相手ともう一つ」という三者の関係をもてるようになります。次に自分が興味をもったというだけでなく、「ほしい」という意思を込めて指をさす「要求の指さし」が表れ、さらに何かを見つけた時に、「あっ！」と言うなどしながら指でさし、一緒にいる人に伝えようとする「共感の指さし」が始まります。指をさしながら相手の表情を見て、興味や感情を分かち合おうとしているので、社会性が発達していることがわかります。

発達のサイン 指3本でものをつまんで落とす

9か月くらいになると、親指、人さし指、中指の3本でものをつまめるようになります。また、右手と左手で別々の動作ができるようになり、つまんだものを離してポトンと落とす動作も見られるようになります。

あそび 31 ホース落とし

体　言葉　感覚　関わり

対象年齢 0歳9か月～1歳3か月

指でつまんだものを、位置を見ながら落とす「目と手の協応動作」が求められるあそびです。落とした時の達成感も生まれます。

準備する物
☐ プラスチック容器　☐ ホース

あそび方
短く切ったホースをつまんで、ふたに穴を開けた容器に落としてあそぶ。

作り方
① 長さ7cm程度に切ったホースをたくさん用意する。
② プラスチック容器のふたに、ホースの円の部分より少し大きめの穴を下書きして、カッターで切り抜き、穴を開ける。切り口にはやすりをかける。

あそび 32 葉っぱ落とし

体　言葉　感覚　関わり

対象年齢 0歳9か月～1歳3か月

葉を穴に通して中に入れるという、指先でつまむ操作性をはぐくみます。また、自然物への興味も芽生えるあそびです。

⚠ 自然物を使う時は、アレルギーのある子やかぶれやすい子には注意しましょう。

入ったね！

準備する物
☐ 落ち葉　☐ ペットボトル

あそび方
拾った落ち葉をペットボトルの中に詰めるように入れてあそぶ。葉っぱなどの手触りを楽しめるよう、「葉っぱ、ざらざらしてるね」などの言葉をかける。

| 発達の
サイン | 指を使って
小さなものをつまむ | 手先の分化が進んで器用に動かせるようになってくると、つまんだり、はってあるテープなどをめくったりする姿も見られます。 |

あそび33
マグネットシートはがし

体　言葉　感覚　関わり

対象年齢 0歳9か月〜1歳3か月

様々な色や形のマグネットシートを指先でつまんではがし、好きな位置にはる、を繰り返し楽しめるあそびです。色や形の認識にもつながっていきます。

準備する物
☐ ホワイトボード　☐ マグネットシート

作り方

赤・青・黄色など、何色かのマグネットシートを用意して、丸、三角、四角などの形に切る。

⚠ 誤飲しないよう、4cm以上の大きさで作ること。

あそび方

- ホワイトボードに丸、三角、四角などの形に切ったマグネットをはったりはがしたりしてあそぶ。
- 保育者が様々な形のマグネットを組み合わせて形を作り、「車だね」「おうちだね」などと言って、見せて楽しむ。

💡POINT!

指が全部一緒に開いたり閉じたりしていた段階が指さしできる段階になると、指がそれぞれ動かせるようになってきます。そんな動きが見られる9か月くらいからは、「握る」ものだけでなく、3本指で「つまむ」玩具も環境の中に入れていきましょう。マグネットシートは座ったままの姿勢であそべるので、保育者もあそびの様子をよく見ることができます。

あそび 34
シールあそび

 体 言葉 感覚 関わり

対象年齢 0歳9か月〜1歳3か月

指先を器用に動かして、シールをつまんではります。自分の思うまま、はったりはがしたりを繰り返せば、達成感も得られるあそびになります。

準備する物
☐ 画用紙　☐ 丸シール

あそび方
- 思いのままにはることから始める。最初は直径20mmの大きな丸シールを使うとよい。
- 慣れてきたら、丸シールをはると車やブドウなどになる台紙を用意し、丸シールをはってあそぶ。

ブーブーだね

⚠ 誤飲防止のため、シールあそびの最中は保育者が近くで見守りましょう。

💡POINT!
シールをはったりはがしたりする動きは、親指や人さし指などを細かく動かせないと、なかなか上手にできません。何回も繰り返す中で、指の巧緻性が高まります。最初はただシールを「はがすこと」「はること」そのものを楽しみますが、徐々にシールをはったことで紙などに変化が起きることに気づき、自分の行動によって何かの形が生まれるというおもしろさを味わうようになります。

発達のサイン　ものを積む

積み木などをゆっくり重ねて、そっと手を離す動きが見られるようになります。目と手を協応させながら、細やかな指先の動きが可能になってくる時期です。

あそび35　積んだり崩したり

体　言葉　感覚　関わり

対象年齢　1歳4か月〜2歳

ものをつかめるようになると、ものを積んだり置いたりすることが楽しくなります。上手にできた時は「いっぱい積めたね」や「すごい、上手だね」などと言葉をかけましょう。また、積まれたものを崩すことも重要なあそびのひとつです。自分が積み木に働きかけた結果、変化が起こることも楽しみましょう。

準備する物
- 積み木やカップタワー、空き箱など

あそび方
1. まずは、保育者が積んだ積み木やカップタワーを崩す。
2. 慣れてきたら、子どもが自分で積み木やカップタワーなどを使って、積んだり、崩したりしてあそぶ。
3. この時期には、軽くて持ちやすい石けんなどの小さな空き箱で作った積み木も用意するとよい。

POINT!

カップタワーなどを積む場合は、サイズの大小を見分けるのが思った以上に難しい場合もあるので、積むものを手渡しして一緒にあそんでいくところから始めてもよいでしょう。積み木であれば、同じ形のものを積んでいくことで、これも秩序感や数量感を学ぶための基礎となっていきます。壁を利用して高く積むのもおもしろいかもしれません。

発達のサイン ものを並べて楽しむ

積み木などを長くつなぐように並べて楽しみます。色や形、大きさを揃えて十分な数を用意すると、集中して取り組む姿が見られます。

あそび36
お手玉並べ

 体　 言葉　 感覚　 関わり

対象年齢 1歳4か月～2歳

同じ形と色のお手玉を自由に並べるあそびですが、きれいに一列に並べることに集中する子どもの姿が見られるでしょう。

準備する物
□お手玉（同じ色・形のもの）をたくさん

あそび方
- お手玉を自由に並べてあそぶ。
- 長く並べることを楽しめるよう、十分な数を用意する。
- お手玉を握った時の感触を楽しめる言葉かけを。中身によって感触が変わるので、アズキ、トウモロコシ、ペレット、アイロンビーズなど、いろいろな中身のお手玉を用意するとよい。

\ STEP UP /
お手玉の両端にスナップボタンをつけておき、並べたものをつなげてあそぶのもよいでしょう。

\ POINT! /
「整然と秩序のある環境」を好む時期です。この時期に、並べるあそびに夢中になって取り組める環境を用意します。また、並べたり揃えたりしながら片づけを楽しめる箱や場所を用意することで、「きれいに片づけると気持ちがいい」ということを学び、片づけの習慣へとつながっていきます。

あそび 37
カラー板並べ

体　言葉　感覚　関わり

対象年齢 1歳4か月〜2歳

様々な色で同じ形の板をたくさん用意しましょう。子どもは集中して、思い思いに並べるのを楽しみます。色の好みや並べ方に、ひとりひとりのこだわりが表れます。

準備する物
□板　□フェルト

あそび方
- カラー板を並べてあそぶ。
- 同じ色同士を一列に並べたり、違う色を交互に並べたり、自分なりに法則を考えながらあそべるよう、十分な数を用意する。

作り方
かまぼこ板くらいの大きさの板の表と裏にそれぞれフェルトを木工用接着剤ではる。何色かのフェルトを用意して、裏と表で色を変えてもよい。

POINT!
5本指が分化してくると、色などは気にせず、積み木などを並べることを楽しみ始めます。このあそびが秩序感、数量感を身につける始まりとなるので、思う存分あそばせたいものです。上に積むよりも横に広げて並べていると、それが道路や線路に見立ててあそび出すなど発展していきます。壁に沿って並べるときれいに揃うので、子どものやる気も高まります。

発達のサイン　手首をひねって回す

ふたをひねるなど、手首を回す動きができるようになる時期ですが、蛇口やドアノブが自動やレバー式になった現代では、日常でのこの動きがあまり見られません。手首を回すおもちゃを用意すると、楽しむ姿が見られます。

作り方
1. 厚紙を5cmくらいの円や四角に切って、十分な数を用意する。
2. プラスチック容器のふたに、カードが入る大きさの切り込みを十字に入れる。切り口にはやすりをかける。

あそび38 カード落とし

体　言葉　感覚　関わり

対象年齢　1歳4か月〜2歳

カードを縦または横の穴に合わせて入れます。一度うまくできると、子どもは何度もやってあそびます。

準備する物
□厚紙　□プラスチック容器

あそび方
手首を回しながら、縦と横、どちらかの方向にカードを合わせて落としてあそぶ。

あそび39 ふた回しで「みーつけた！」

体　言葉　感覚　関わり

対象年齢　1歳4か月〜2歳

容器にはったフェルトは、滑りを軽減し、握ってひねる動作をやりやすくします。容器の中見たさに、何度もやってみようとします。

準備する物
□フェルト　□プラスチック容器
□油性ペンなど

あそび方
手首をひねって容器のふたを開け、容器の底についたお気に入りの動物やキャラクターが出てくるのを楽しむ。

作り方
1. ふたを回して開けるタイプのプラスチック容器の、ふたと本体の側面にフェルトをはる。
2. 容器の内側の底に、子どもの好きな動物やキャラクターを描いた紙をはる。

| 発達の サイン | **指先を使って様々な操作を楽しむ** | 右手と左手を別々に動かしたり、指先に力を入れてつまんだりする姿が徐々に見られ始めます。 |

あそび40
ゴムホースでひも通し

 体　 言葉　 感覚　 関わり

対象年齢 1歳4か月〜2歳

指先の操作性が高まってくると、器用にものを使ってあそび始めます。ひもを小さな穴に通すことは、指先の力を調整しながらの動作です。集中してあそび込むでしょう。

準備する物

☐ゴムホース　☐綿ロープ　☐ビニールテープ

作り方

① ゴムホースを何色か用意し、長さ6〜7cmに切る。
② 長さ60cm程度の綿ロープを用意し、片方はホースが抜けないよう大きな玉結びに、もう一方はビニールテープを巻いて通しやすくする。

あそび方

短く切ったゴムホースに、ひもを通してあそぶ。じっくり取り組めるよう、机と椅子を置き、落ち着ける空間を作る。

⚠ ひもを扱っている時は、保育者がそばで見守りましょう。

💡POINT!

右手と左手で違った動きをするひも通しは、子どもにとってはとても集中力が必要です。何度も何度もホースにひもを通したあとの達成感は、今までのあそびとは違った魅力を感じるようです。繰り返しあそぶことで、指先や手首を自分の意思でコントロールできるようにもなってきます。

あそび41
洗濯ばさみで動物さん

体　言葉　感覚　関わり

対象年齢 1歳4か月～2歳

親指と人さし指、中指の3本で洗濯ばさみをつまんでとめる操作を楽しみます。それぞれの指の力加減がポイント。洗濯ばさみはバネが強くないものを選ぶとよいでしょう。

準備する物
□洗濯ばさみ　□厚紙　□油性ペンなど

あそび方
厚紙を洗濯ばさみではさんで、動物などに見立ててあそぶ。友達と同じことをしたがる時期なので、数は十分用意する。

作り方
① 何色かの洗濯ばさみをたくさん用意する。
② 厚紙を、タコの顔、ライオンの顔、カニの体、ヒマワリの中心部分になるような形に切って、顔や模様を描き込む。

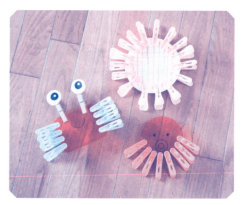

POINT!
手を使う経験を積み重ねてきた頃には、指先の力加減が必要な洗濯ばさみを使ったあそびがおすすめです。指先だけに力を集中することで、繊細な指使いや集中力も同時にはぐくむことにつながります。はさむ対象物を手に持ちながらあそべば、両手を使ったあそびとなります。

発達のサイン **つなげる**ことを楽しむ

「並べる」あそびから、「つなげる」あそびを楽しむようになります。つなげることを楽しむだけでなく、「ヘビ」や「線路」など、イメージを膨らませてあそぶ姿も見られるようになります。

あそび 42
線路つなぎ

体　言葉　感覚　関わり

対象年齢 1歳4か月〜2歳

子どもの創造力を大切にしながら、長く並べたり、つなげたりして、その連続性を繰り返し経験することをあそびに取り入れてみましょう。

準備する物
- □ 紙製コースター　□ ビニールテープ

あそび方
- コースターで作った線路のパーツをつないであそぶ。
- じっくりとあそび込めるよう、広いスペースを確保する。

作り方

白い紙製のコースターに赤、青、黄色などのカラービニールテープをはる。線路をつなげてあそべるよう、まっすぐはったものを多めに、直角に曲げてはったものを数枚用意する。

POINT!

同じ形のものを自分なりの順番や順序できれいに並べていきたいという思いは、秩序感が心の中に育ち始め、それが安定や調和につながっていることにもなります。いつもと同じという感覚が芽生えてくると、玩具を元の場所に戻すなど、自分で片づける姿も見られるようになってきます。

あそび 43
S字フックつなぎ

対象年齢　1歳4か月〜2歳

P.65の「線路つなぎ」と同様に、ものの連続性を繰り返し経験できるあそびです。S字フックを上下に引っかけて、たくさんつなげたり外したりして、自由に楽しみましょう。

準備する物
☐ S字フック　☐ ロープなど

あそび方
- ロープやラックにS字フックを引っかけてあそぶ。
- S字フック同士をどんどんつないでいったり、ゴムやシュシュなどをかけたりしてもOK。

⚠ ロープなどでけがをしないように、保育者がそばで見守りましょう。

POINT!
「かける」という行為は、タオルやバッグをフックにかけたり、ハンガーをラックにかけたりするなど、自分で身支度をする際、頻繁に出てきます。つなげることを楽しむ今の時期に、あそびを通してたくさん経験しておくとよいでしょう。

発達の
サイン **力加減を身につける**

指をかんだり壁をたたいたりするのも、それらの刺激を信号として脳が受け取っています。でも、脳から指へ信号が届くのはタイムラグがあり、手を上手に動かすのが難しい時期です。

あそび44
ひらひら布あそび

体　言葉　感覚　関わり

対象年齢 | 1歳4か月〜2歳

透けている生地で作られたオーガンジーを丸めたり振ったりして感触を楽しみ、手先を様々に動かしてあそびます。

準備する物
☐ オーガンジー

あそび方
- 最初は保育者がオーガンジーをふわりと上から落としたり、くしゃくしゃに丸めたものがゆっくりと元に戻っていく様子を見せたりする。そのあと、子どもは布を自由に触ってあそぶ。
- わらべうたなどでリズムに合わせて布を振ったり、握ったりすると、複数の子とシンクロしたり、あそびが広がる。

\ ！ POINT! /

やわらかい布などを触り、多様な感触を楽しんだり、オーガンジーやフェイスタオルのように、触り心地が異なる布にふれたりすることで、感触あそびを楽しめます。子どもが触りながら「これはつるつるしている！」「これはやわらかくて気持ちいいな」など、気づきを得られることも。

発達のサイン おもしろいと感じたら自発的に行動する

玩具に限らず、子どもたちは「不思議だな」「おもしろいな」と感じたものに自ら働きかける探索活動が増えていきます。

あそび 45
セロハンでオノマトペあそび

体　言葉　感覚　関わり

対象年齢 1歳4か月〜2歳

体験したことやものに言葉を添えることはとても大切です。単に名詞を覚えて知識を増やすよりも、擬態語をおもしろがり、体験と言葉の一致が進むことで表現力がはぐくまれます。

準備する物
☐ カラーセロハン

あそび方
- 日差しの入る窓にカラーセロハンをはり、床に浮かび上がるきれいな模様を観察する。
- 「きらきらしているね」「ゆらゆら揺れているね」などと言葉をかける。

あそび方
「幸せなら手をたたこう」の曲をかけ、リズムに合わせて体を動かす。動作だけでなく、歌詞に合わせた表情を加える。

あそび 46
手をたたきましょう♪

体　言葉　感覚　関わり

対象年齢 1歳4か月〜2歳

「幸せなら手をたたこう」（作詞／木村利人　アメリカ民謡）の歌詞を、「うれしいなら　笑いましょ」「悲しいなら　泣きましょう」「悔しいなら　怒りましょ」などに変え、表情を変えながらリズムあそびを楽しみます。感情を表す言葉や表現は、友達関係を結んでいくためにも大切です。

発達のサイン 鏡に映る自分に興味をもつ

赤ちゃんが、自分の姿が鏡に映っていると認識するのは、個人差はありますが、1歳半～2歳頃といわれており、自分を認識したうえで、動いたり笑ったりすることで鏡の中の自分が変化するのを楽しむようになります。

あそび47
鏡でこんにちは！

 体　 言葉　 感覚　 関わり

対象年齢 1歳4か月～2歳

まだ自分という存在に気づいていない頃の子どもが鏡に映った自分を見ることで、「手を動かすと手が動く」「笑うと顔が変わる」、自分の発見につながります。

準備する物
☐ 鏡

あそび方
- 保育室にある鏡に、子どもの姿が映るように「あっ、あれ見て！」などと言いながら指でさし、子どもの興味を引くような言葉をかける。どんな反応を示すか、見守る。
- 「あっちにも○○ちゃんがいるよ、不思議だね」などの言葉をかける。

あ、○○ちゃんがいる！

POINT！

子どもの目線に合わせて鏡を設置するのがおすすめです。鏡の中に映る自分を見つめるのは不思議な体験。自分と同じ動きをする人物を見て、びっくりしたり、おそるおそる手を伸ばしたり。自分の姿を認知することにもつながるあそびです。大人が壁の鏡をのぞき込むと、子どもはそのまねをします。鏡との出合いを促しましょう。そして、鏡に手を振る姿を見せれば、その後は自分なりに鏡の世界を楽しむようになります。表情を変えたり、体を動かしたりする場面があれば、応答的に言葉をかけてみましょう。

発達のサイン　見立てあそびを楽しむ

バッグにものを詰めたり、コップで飲むふりをしたり、電話ごっこをしてみたり、道具の使用や言葉のやり取りを駆使して、自分の経験や生活を再現してあそぶ姿が見られます。

あそび 48
お人形大好き！

体　言葉　感覚　関わり

対象年齢　1歳4か月～2歳

お気に入りの人形や玩具で見立てあそび。まだそれぞれであそぶ時期ですが、時折周りを見てまねをするような姿が見られ始めます。

準備する物
☐ 人形　☐ 玩具（食器や食材、布団など）

あそび方
- 生活を再現するあそびができるよう、紙パックで作ったベッドやミニタオルの布団、抱っこひも、食器や食材に見立てられる玩具などを用意する。
- 人形を世話する子どもの姿に寄り添いながら、「おなかすいた？」「おむつぬれてるかな」などと、イメージが広がる言葉をかける。
- おもちゃの棚やハンガーを用意するなど、片づけも楽しめるようにする。

POINT!
人形を「もの」ではなく「生きもの」として扱うことで、大切に扱う気持ちがはぐくまれます。まずは保育者が人形を大切に扱う姿を見せ、無造作に扱う姿には「ダメだよ」ではなく、人形に対して「大丈夫!?」と言葉をかけるようにしましょう。

布団をかけて、「おやすみなさい」。人形を大切な存在と思う気持ちが芽生えているのがわかります。

自分の身支度の段取りを思い出しながら、世話をします。

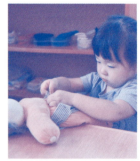

人形の世話を通して、衣服の着脱のやり方も身についていきます。

あそび49
もしもし電話

 体　 言葉　 感覚　関わり

対象年齢　1歳4か月〜2歳

「もしもし」と保育者が何かを手に取って耳に当てて話し出すと、それだけで「もしもし」と、電話あそびが始まります。

準備する物
□ 空き箱やレンゲなど

あそび方
1. スマートフォンに見立てた空き箱などを使って、保育者が「もしもし」と話す様子のまねをする。
2. 保育者が、「もしもし、〇〇ちゃん〜」と子どもに話しかけたり、2歳なら子ども同士でやり取りしたりして楽しむ。

POINT!
1・2歳で見られるまねっこは、脳が発達して記憶力がついてきた証。子どもは頭の中でお手本のイメージを浮かべながら、同じことをやってみることで、様々なことを会得しますが、これは学習行為の一つといえます。まねっこ心を刺激することは成長の後押しでもあるのです。

あそび50
自己肯定感の種

 体　 言葉　 感覚　 関わり

対象年齢　1歳4か月〜2歳

保育のあらゆるシーンで、「できたよ」「ぼくがやるから見ていてね」などの視線に対して、保育者は目を合わせてうなずき、「自己肯定感の種」をまいていきましょう。

あそび方
あそびの場面だけでなく、食事や着替え、片づけなど、日々の生活の場面で、子どもたちの気持ちに肯定的にうなずいたり、応答したりする。

POINT!
この年齢の子どもたちの見立てあそびや大人のまねをすることは、「今まで自分がやってもらったこと」「大好きな先生や保護者が行っていること」がベースになることが多いので、なりきってあそんでいる子どもたちの想いも含め、肯定しましょう。

発達のサイン 一緒にやることに楽しさを感じている

大好きな大人と関わる楽しさがわかる年齢ですが、大人にやってもらうだけでなく、大人と応答したり、相手の反応を楽しんだりするようになってきます。

あそび51 はいはい鬼ごっこ

体　言葉　感覚　関わり

対象年齢　1歳4か月～2歳

保育者が子どものあそびを見守るだけでなく、その行為をまねしてシンクロさせることで、一人あそびが関わりあそびに変化します。場の空気も変わり、見ている子どもたちにも刺激を与えます。

あそび方

保育者は子どもたちと同じはいはいの姿勢となり、「まてまて～」と追いかけ、子どもたちにタッチしていく。はいはいが移動の手段だけでなく、楽しい関わりあそびに変化する。

POINT!

鬼ごっこには「高おに」「色おに」「氷おに」など、様々な種類とルールがありますが、室内でも安全に、そして、「体」と「関わり」の要素を含むあそびとして楽しめるのが「はいはい鬼ごっこ」です。鬼につかまらないように逃げるどきどき感の中にも役割の存在があり、また、歩けるけどはいはいで逃げるというルールがあるのも、このあそびの特徴です。

発達のサイン ものを高く積めるようになる

積む動作は、ものをつかんでそっと離すという力加減が難しいので、できるようになったら、それは親指とほかの4本の腹でものをしっかりとつかめている証拠です。積み木などをどんどん高く積んであそぶ姿が見られます。

あそび52 タワー作り

 体 言葉 感覚 関わり

対象年齢 2歳1か月～2歳11か月

高く積むことを楽しむあそびです。はじめは失敗することも多いですが、何度も繰り返すうちに、そっと離す力加減が身について、どんどん高く積めるようになります。目の高さまで積めるようになるのが一つの目安です。

準備する物
□ 積み木やカップなど

あそび方
積み木やカップなどをたくさん用意し、自由に積んで楽しむ。崩れたら、また積むことを繰り返し楽しむ。失敗すればするほど、挑戦する気持ちが強くなる。

＼ POINT！／

ものを目的の場所まで正確に運び、手先の細かなコントロールで目的の場所に置いて手を離すという動作は、子どもたちにとっては実に大変なあそびです。手を離して積みあがった時の喜びを共感することで、あそびへの意欲がさらに高まります。

自由に歩くことを楽しむ

歩く動作を習得し、ものを引っ張って歩いたりと、とにかく歩くことを楽しみます。また、歩きながら方向を転換したり、デコボコした道を歩いたりといった、調整して歩く姿も見られるようになります。

あそび53
マットの山越え谷越え

 体　 言葉　 感覚　 関わり

対象年齢 2歳1か月〜2歳11か月

マットの下に、丸めたゴザやブロックなどを入れればデコボコ道になります。その上を子どもがバランスを取りながら歩きます。

準備する物
☐ マット　☐ ゴザ　☐ ブロック

あそび方
マットのデコボコ道の上を歩く。「大きな山だね」「ごろごろ岩の道だよ」など、楽しくなる言葉かけを。

POINT!
デコボコは直線的に作るのではなく、なるべくランダムに作りましょう。子どもの様子に合わせてちょっと難しく設定するほうが、挑戦する意欲を刺激します。10〜15cmの高低差をつけるとよいでしょう。

発達のサイン 意識して歩く・のぼる

「速い‐遅い」といった自己調整ができるようになってくる頃。言葉に合わせて動くことにも挑戦し始めます。

あそび 54
はしご歩き

体　言葉　感覚　関わり

対象年齢 2歳1か月〜2歳11か月

準備する物
☐ はしご

あそび方
① はしごを床に寝かせて置く。
② その上を歩いて通る。

バランスを取り、はしごをまたいで歩きます。ゆっくり一歩一歩、自分のペースで。転ばずにできたら、次は少しスピードアップしてみましょう。

POINT!

室内を走り回ったりするのを注意するのではなく、逆に体をコントロールしながらゆっくり動かしたり、正確に動かしたりすることをあそびにしていきましょう。はしごがなければ、ビニールテープを床にはって線上歩行をする（線を踏んでまっすぐ歩く）こともおすすめです。

あそび 55
跳び箱の山のぼり

体　言葉　感覚　関わり

対象年齢 2歳1か月〜2歳11か月

跳び箱を使った、よじのぼる運動あそびです。腰よりも高い位置に足を上げると、しなやかに体を動かせるようになります。

準備する物
☐ 跳び箱　☐ マット

あそび方
3段の高さにした跳び箱を山に見立てて、よじのぼってあそぶ。

⚠ 落下しないよう保育者がそばで補助しましょう。

POINT!

股関節のスムーズな動きを促すために、ひざを高く上げてよじのぼる動きを意識してあそびの中に取り入れましょう。また、よじのぼる動きは、股関節以外に腕や体幹なども使うので、全身の運動にもつながります。

発達のサイン 走ることを楽しむ

ちょこちょこと走る小走りから、両足とも地面から離してしっかり走るようになります。止まったり、方向転換したり、走りながら体をコントロールするようにもなっていきます。

あそび56
よーいどん&ストップ

体　言葉　感覚　関わり

対象年齢 2歳1カ月～2歳11カ月

保育者の合図を耳でよく聞き、その合図の通りに走ったり、止まったりする動作を繰り返すあそびです。瞬時の判断で体をどっちに動かせばいいかなどが身につきます。

準備する物
☐ 笛

あそび方
❶ 保育者が笛や声で「よーい、どん」と「ストップ」の合図を出す。
❷ 合図に合わせて走ったり止まったりする。
※はじめは10mくらいの距離で範囲を設定するとよい。

💡POINT!

合図に合わせて走ったり止まったりすることで、自分の体をコントロールする力を養います。「よーい」から「どん」までの間を少し長くためると、期待感が高まります。

＼準備はいい？／　＼よーい／　＼どん！／

発達のサイン **ジャンプすることを楽しむ**

段差ののぼりおりや後ろ歩きができるようになり、ジャンプを楽しむ様子も見られるように。様々な場面でジャンプを経験することで、3歳頃にはケンケンする姿も出てきます。

あそび57 飛び石ジャンプ

 体　 言葉　 感覚　 関わり

対象年齢　2歳1カ月〜2歳11カ月

丸から丸へ跳び移ったり、ジャンプと同時にほかの動作を加えたりして、様々な体の動きを経験できるようにしましょう。

準備する物
☐ テープ類やフープ（フラットでソフトタイプ）など

あそび方
❶ 床にテープをはって円をいくつか作る。
❷ 円から円へと跳び移ってあそぶ。

POINT!

大人にとって簡単に見える両足ジャンプも、子どもにとっては「地面を踏み込んで蹴る筋肉」＋「体勢が崩れないようにするバランス力」が身についていないとできない協調運動です。ちょっと高いところから両足でジャンプすることは2歳前でもできるので、そのようなあそびをたくさんすることで体の使い方を覚えていきます。

STEP UP

両足を揃えて跳んだり、手を上げて跳んだり、手をついた状態から跳んだりなど、ほかの動きも組み合わせてみましょう。ウサギ、カンガルーなど、子どもに親しみのある動物をイメージして「まねっこジャンプ」を楽しむのもよいでしょう。

あそび 58
台からジャンプ

 体 言葉 感覚 関わり

対象年齢 2歳1か月〜2歳11か月

バランスを取りながら慎重に渡って、最後は両足でピョンと跳びおります。はじめは運動用の低い台だけを並べ、慣れてきたら高い台と組み合わせてやってみましょう。

準備する物
☐ 運動用の台

あそび方
❶ 低い台と高い台を組み合わせて、のぼったりおりたりできるよう並べておく。
❷ 台を渡って端まで来たら、台からマットに跳びおりる。最初は保育者が手を添えて跳びおりることから始める。

POINT!

跳びおりるという行為は、体の瞬発力や体の様々な部分をタイミングよく動かす力を高めます。そして、着地した際に自分の体重を支えることも大切な運動です。また、飛び跳ねるジャンプは、ひざや体の曲げ伸ばしによる柔軟性や瞬発力、地面を蹴るための筋力を向上させるなど、大人の想像以上に大切なあそびなので、毎日の生活に取り込みたいものです。
危険がないよう保育者がそばで見守りましょう。着地するところには、マットを敷いておくとよいでしょう。怖がる子もいるので、跳びおりる高さは子どもが選べるようにして、低めの台を設定しておいても（台の高さは10〜30cm）。その子なりの「できた」に寄り添います。

| 発達の サイン | **スナップボタンに興味をもつ** |

指先のコントロールが巧みになり、2本指でギュッとつまんでスナップボタンをとめようとする姿も見られます。スナップボタンをとめる・外す、面ファスナーをつける・はがすをあそびの中でも楽しみます。

あそび59 スナップスネーク

体　言葉　感覚　関わり

対象年齢 2歳1か月〜2歳11か月

両端のスナップボタンをパチンパチンととめるあそびです。長くつなげたり、色の連続性を楽しんだり、子どもの自由な発想を見守りましょう。

準備する物
- □ フェルト　□ スナップボタン
- □ 縫い針　□ 糸

あそび方
- スナップボタンをとめて、パーツをどんどんつなげてあそぶ。
- 同じ色同士で揃えたり、色の組み合わせにこだわったり、ヘビや電車などに見立てたりして楽しむ。

作り方

3×8cmの長方形に切った2枚のフェルトを縫い合わせ、両端に大きめのスナップボタンをつける。色の組み合わせを楽しめるよう、何色か用意しておくとよい。

POINT！

洋服を着たりボタンをとめたりするといった日常の動作ができるようになるには、つまむ動作や指先に力を入れて操作するあそびが最適です。長くつなげたり、様々な形にしたり、色を合わせたりと、その子なりの目標のために黙々とあそんでほしいものです。

発達のサイン ボタンをとめることに興味をもつ

自分の手を使って道具などを操作するのが楽しくなる頃には、ボタンとめという「ボタンをつまみ・穴に通し・ボタンを受け取る」一連の動きに挑戦する姿が見られます。

あそび60 お魚フェルトボタン

 体 言葉 感覚 関わり

対象年齢　2歳1か月〜2歳11か月

服を着せてもらう段階から自分で着たいという思いが芽生える時期に、ボタンをたくさんとめて楽しめるあそびを提供してみましょう。

準備する物
□フェルト　□ボタン　□縫い針　□糸

あそび方
目の部分のボタンを、しっぽの部分のボタンホールに入れて、つなげてあそぶ。まずは保育者が子どもによく見えるように、ゆっくり手元を見せる。

作り方
魚の形に切った2枚のフェルトを縫い合わせて、目の部分にボタンをつけ、しっぽの部分にボタンホールとなる切り込みを入れてかがる。裏と表で別の色のフェルトを使っても。

作り方
子ども用サイズのハンカチの角の1つにボタンをつけ、その対角線上の角にボタンホールになる切り込みを入れてかがる。

あそび方
● ハンカチの対角線上につけたボタンをボタンホールにとめてあそぶ。
● 十分な数を用意して、つなげてあそんだり、「お魚フェルトボタン」とつなげてもOK。

あそび61 ボタンハンカチ

 体 言葉 感覚 関わり

対象年齢　2歳1か月〜2歳11か月

ボタンをとめる・外すは、日常生活で欠かせない動作の一つ。試行錯誤しながら、「自分でできた！」という自信になれば、さらに挑戦しようとする気持ちが高まります。

準備する物
□フェルト　□ボタン　□縫い針　□糸

| 発達の サイン | 大人のまねをして、タオルなどをたたもうとする |

生活の中で目にする「布をたたむ」光景。大人のまねっこが大好きなこの頃に、自分の服をたたんで片づける準備を少しずつ始めます。

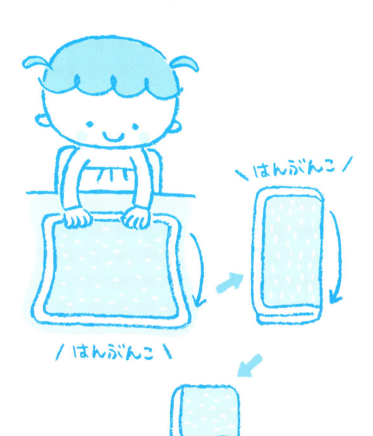

あそび 62
タオルたたみ

体　言葉　感覚　関わり

対象年齢 2歳1か月〜2歳11か月

エプロンやタオルを自分で片づけたいという思いが芽生えてきた頃には、タオルをたたむという行為自体があそびになります。保育者がたたみ方を教えましょう。

準備する物
☐ タオルハンカチやガーゼ、バンダナなど

あそび方
❶ タオルハンカチやガーゼ、バンダナなどを手前から奥に向かって2つ折りにして、角と角を合わせる。
❷ 90度に回転させて、さらに手前から奥へ2つ折りにして角を合わせる。

💡POINT!

様々な行為を「自分でやりたい！」と言い出す時には、必ずそれを手助けしてくれていた大人の存在があります。そのまますべて任せてしまうのではなく、「自分でできるよ」をしっかりと見守ることが大切です。子どもたちは、たためたあとには必ず近くにいる保育者に「できたよ」という視線を送ってきます。それに対して、「ちゃんと見ていたよ！」というアイコンタクトを送ることが大切です。

81

発達のサイン　素材の感触に興味をもつ

子どもたちはふれることで身の回りの世界を楽しみますが、同時にふれるだけでなく五感をフル活用して社会を理解しようともしています。

あそび63
泡あわあそび

 体　 言葉　 感覚　 関わり

対象年齢 2歳1か月～2歳11か月

泡の感触や、息を吹きかけると形状が変わる特性などを楽しむあそびです。絵の具で色をつけて画用紙に吹きつける、シャボン玉アートに展開してもよいですね。

準備する物
☐ 固形石けん　☐ 水　☐ すりおろし器
☐ 洗面器　☐ 泡立て器

あそび方
泡にふれるとどのように感じるのか、手を動かしたりするとどのように変化するのか、また、容器に入れてみるとどうなるのかなど、様々な様子を観察して楽しむ。

作り方
❶ 固形石けんをすりおろし、洗面器に入れる。
❷ ❶に水を入れ、泡立て器で混ぜる。スポンジや泡立てネットを使うと、子どもたちでも作れる。

 液体石けんを口に入れたり吸い込んだりしないように、注意深く見守りましょう。

あそび 64
ポンポン！スタンプ

体　言葉　感覚　関わり

対象年齢 2歳1か月～2歳11か月

スタンプを押すという行為は、指先で様々な素材を使うことで、感触の違いに気づいたり、力加減を自分なりに考えたりすることにもつながります。

準備する物
- ガーゼ
- 脱脂綿
- 乳酸菌飲料の容器など
- 輪ゴム
- 絵の具

あそび方
- 最初は、直接力の加減が伝わる指や手形スタンプを楽しむ。
- 慣れてきたら、徐々に様々な素材でスタンプをしてあそぶ。

作り方
1. 脱脂綿を丸めてガーゼで包み、輪ゴムでとめ、タンポを作る。
2. 乳酸菌飲料の容器の飲み口に❶をはり、持ちやすくする。
3. 脱脂綿以外に、様々な形のものをはってもよい。

POINT!
野菜の断面など、様々な素材でスタンプをすると、形にも興味をもち、自分が想像したように再現しようとする表現活動にもつながります。さらに「1人でできた」という達成感を得やすいのもスタンプあそびならではです。

あそび65
お花畑を作ろう

 体　 言葉　 感覚　 関わり

対象年齢 2歳1か月～2歳11か月

カラフルでやわらかいフェルトの色や感触を楽しみながら、花を構成するあそびです。

準備する物
☐ フェルト　☐ 縫い針　☐ 糸
☐ 面ファスナーやスナップボタン

あそび方
フェルトで作った花を、面ファスナーやスナップボタンで台紙にとめてあそぶ。同じ色のお花を並べるなど、子どもの感性で自由に楽しむ。

作り方
1. 数色のフェルトを4×4cm程度の花の形に切り、端をブランケットステッチで処理し、裏に面ファスナーやスナップボタンをつける。
2. 台紙となるフェルト（18×18cm）に、葉や茎の形に切ったフェルトを縫いつけ、茎に面ファスナーやスナップボタンをつける。

あそび66
新聞紙ビリビリ

 体　 言葉　 感覚　 関わり

対象年齢 2歳1か月～2歳11か月

くしゃくしゃに丸める、ビリビリにちぎる、折りたたむ、突き破るなど、新聞紙で様々な手指の動きを楽しみます。

準備する物
☐ 新聞紙

あそび方
新聞紙を多めに用意し、子どもが自由に破ったり丸めたりしてあそぶ。

＼ POINT！／
新聞紙の手触りや、クシャッと丸めたり破いたりする音、インクのにおいなど、新聞紙あそびで多様な感覚をはぐくむねらいがあります。子どもの感覚は鋭敏ではなく、ぼんやりとしたもののようです。五感は外からの刺激を受けてはじめて発達するため、新聞紙あそびなどが効果的です。

あそび 67
逆さま洗濯ばさみ

体　言葉　感覚　関わり

対象年齢 2歳1か月〜2歳11か月

洗濯ばさみあそびの習熟度が上がってくると、様々なものをはさんだりします。それと並行して、指先だけでなく、手首やひじなども使ってあそぶのにおすすめなのが、この「逆さま洗濯ばさみ」です。

準備する物
- 洗濯ばさみ　□粉ミルクの空き缶など

あそび方

粉ミルクの空き缶など土台のしっかりしたものに洗濯ばさみを取りつけ、それにどんどんはさんでいく。倒れないようにバランスを取ったり、おもしろいオブジェを作ったりしてあそぶ。

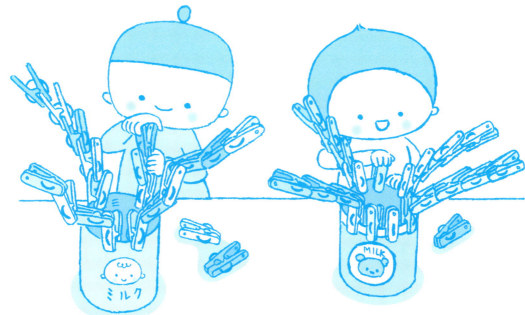

POINT!

たくさんの洗濯ばさみを何かにはさんでいくと、長くなったり高くなったり、一つの構成あそびのように展開したりします。また、手を動かしているうちに何かアート的なものができあがり、それを花やビルに見立ててあそぶ姿も見られるようになってきます。頭に描いた完成形を目指して、あそんでいるかもしれないという視点で見守りましょう。

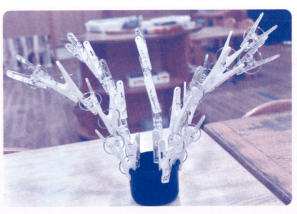

発達のサイン　どんなものでも拾ってくる

子どもの目線は大人に比べてかなり低く、時に「どこに、こんなものがあったの？」と思えるものを拾ってきます。そして箸もまだ使えないのに、園庭などに落ちている小さな宝物を拾う時は、ピンセットを使う時のように細かい作業ができます。

あそび68
マイバッグを持って探索・収集

体　言葉　感覚　関わり

対象年齢　2歳1か月～2歳11か月

入れものを持つことで、いつもの園庭が子どもたちにとっては宝の山に見えてきます。子どもたちが見つけた（拾った）ものを尊重し、拾ってきたものを並べたり、飾ったりできるスペースを作りましょう。

準備する物
☐ 入れもの（空き容器や紙パック、ペットボトルなど）

あそび方
- 入れものを持ち、園庭などに出かけ、自分が見つけた宝物を入れものに入れる。
- 持ち帰り、触ったり、においをかいだり、並べてあそんだり、飾ったりして楽しむ。

💡POINT!

園庭には石ころや木の実、葉っぱなど様々なものが落ちています。子どもはバッグなどの入れものを持つと、落ちているものは何でも拾って入れます。それが徐々に、落ちている「石」と「ドングリ」を見つけて比較し、「ドングリ」だけを拾うようになるのも、発達の指標に。拾って見せてくれたものをきっかけに会話をしたり、集めているものの特性を言葉にしたりして関わりましょう。

発達のサイン 周りとコミュニケーションが取れる

簡単な手あそびや歌あそびが楽しめるようになってくる頃です。少しずつ、友達と関わる姿が見られるようになります。

あそび69
おせんべ やけたかな

 体　 言葉　 感覚　 関わり

対象年齢 2歳1か月～2歳11か月

わらべうたを使った伝承あそびです。友達や保育者とコミュニケーションを取りながら、「お・せ・ん・べ・や・け・た・か・な」のリズムに合わせて手の数をカウントします。リズムあそびや繰り返しあそびとしての一面ももち合わせています。

あそび方

❶ 数名が向かい合い、手のひらを下に向けて両手を前に出す（手をおせんべいに見立てる）。
❷ 一人が、「お・せ・ん・べ・や・け・た・か・な」と言いながら、みんなの手（おせんべい）を人さし指で順番にふれていく。最初は保育者が行う。
❸ 「な」の時にふれられた子は、その手（おせんべい）をひっくり返す（手のひらを上にする）。
❹ その隣から順番に、❷と❸を繰り返す。
❺ 一度ひっくり返された手（おせんべい）をもう一度ふれられたら、焼き上がり！　むしゃむしゃと食べるまねをして、その手（おせんべい）は後ろに引っ込める。同様に繰り返し、両手を引っ込めた人から抜けていく。

POINT!

鬼ごっこなど初歩的なルールのあるあそびには鬼が出てきますが、「おせんべ やけたかな」には鬼が存在しません。恐怖やスリルを感じにくく、「負けるのが嫌」「一人で鬼をやりたくない」といった子がいる場合にも、みんなで楽しく取り組めます。あそびを通して、様々な会話が飛び交い、いつもとは違った友達との関わりが増えることでしょう。

0・1・2歳児の COLUMN

0歳は一人あそびの時期

0歳の頃は、保育者とあそんで愛着関係を形成する、また、じっくり一人あそびを楽しむ時期です。そんな時期を経て、徐々に友達との関係を広げていきます。0歳時期は、たっぷり一人あそびを楽しめる環境と空間を保障していきましょう。

0～2歳	一人あそびをする、大人とあそぶ。
2～3歳	友達と同じあそびをすることもあるが、時々、周りの友達に視線を向けながらも、交わらず同じあそびを楽しむ（平行あそび）。
4～5歳	友達と関係性をもってあそぶが、全体でのまとまりはない（連合あそび）。
5～6歳	友達とルールを共有しながら、協力してあそぶ（協同あそび）。

生活習慣もあそびから

自分で衣服を着脱する、脱いだ服をたたむなどは、1・2歳の間に身につけたい生活習慣ですが、「〇歳になった」からといってすぐにできるものではありません。日頃のあそびの中で、着脱など生活に必要となる動きをたくさん経験できるとよいですね。例えば、シュシュを用意すると、手や足にたくさん通して楽しむ姿が見られます。これは、シャツに手を通す、ズボンに足を通すなどの動きにつながります。たたむ動きもあそびの中でたくさん経験したら、生活習慣につなげます。食事のエプロンを外したら「2つにたたんでみようか？」と言葉をかけ、タオルたたみの要領で、たたんでみましょう。「自分でできた！」という体験が、生活習慣の定着につながっていきます。

子どもの姿に表れにくい力も重要

発達というと、機能を獲得するなど「できるようになる」ということに注目しがちですが、意欲や集中力、好奇心、我慢強さや優しさなど、直接的に姿に表れにくい力もとても重要です。これらがはぐくまれるためには、子どものペースで集中してあそび込むことができる時間設定と環境構成や、周りの人から丸ごと受け止められ、認められる経験が大切です。

3・4・5歳児の
あそび

クラスの人数も増え、保育者とよりも
友達同士であそぶことが多くなる3・4・5歳児。
発達応援あそびを通して、社会性や協同性など、
様々な力を培っていきましょう。

発達のサイン　手と足で別々の動きをするようになる

手足の動きが分化して、手足を別々に動かすなど、あそびの中で複雑な動きをする姿が見られるようになってきます。あそびを通して、さらに複雑な協応動作を獲得していきます。

あそび70
三輪車で発車オーライ

体　言葉　感覚　関わり

対象年齢 3歳頃

踏切の前でいったん止まって、合図とともに三輪車をこいで前進します。単に三輪車を楽しむのではなく、ルールを決めると、子どものイメージが広がり、あそびが深まります。

準備する物
☐三輪車　☐棒

あそび方
1. 地面にラインを引いてコースを作り、「線のあるところでは、一度止まってから」などのルールを決める。
2. 保育者が棒を持って踏切に見立てる。
3. 「電車が通りまーす」など、3歳なりのイメージが広がるよう言葉をかけながら、三輪車を楽しむ。

POINT!
脚は伸展する力が大切で、腕は屈曲する力が大切です。三輪車のように脚を踏み込みながら、腕は行きたい方向へかじを取るなど手足を同時に動かすことで、手足を別々に動かす力がさらに養われます。

あそび71
のぼっておりてタンバリン

体　言葉　感覚　関わり

対象年齢 3歳頃

保育者のタンバリンの音の合図で、遊具をのぼったりおりたりします。音や笛の合図で動けるようになれば、イメージ通りに体をコントロールするのが上手になった証拠です。

準備する物
☐タンバリン

あそび方
1. ジャングルジムやクライミングロープなどの遊具にのぼる。
2. おりたら、保育者が持っているタンバリンを子どもが一度たたく。「3回たたいたらゴールね」などとルールを決めても楽しい。

POINT!
3歳頃になると、人との関わりが増えてくるので、どっちが高くまでのぼれるか友達と競争したり、友達がのぼるのを応援したりなど、「関わりあそび」として取り組んでもよいでしょう。

あそび 72
だるまさんが転んだ

体　言葉　感覚　関わり

対象年齢　3歳頃

伝承あそびの「だるまさんが転んだ」をシンプルにしたものです。小走りをし、動きを止める、を繰り返します。

あそび方

1. 鬼を決め、鬼は基点となる場所（壁や木など）に立ち、ほかの子どもは5mほど離れたスタートラインに一列に並ぶ。
2. 鬼の「はじめの一歩」の合図で、子どもたちは大股で一歩前に進む。
3. 鬼が背中を向け、「だるまさんが転んだ」と言っている間に、子どもたちは鬼に近づく。
4. 鬼が「だ」で振り向いたと同時に、子どもたちは静止する。これを繰り返す。
5. 静止できなかった子は、鬼と手をつなぐ。
6. 誰かが鬼に近づきタッチできたら、つかまった子どもたちが解放される。鬼を交代して、同様に繰り返す。

\!POINT!/

昔からの伝承あそびですが、「動く」「止まる」の動作を繰り返すことで自分の体を思い通りに動かせるようになります。鬼が振り返ったら動いてはいけないというスリル感の中で体をコントロールし、ルールを守りながらあそぶという力もはぐくまれます。

あそび 73
カラーコーンリレー

体　言葉　感覚　関わり

対象年齢　3歳頃

ただ走るだけでなく、フープを持って走るサーキットリレーです。何かを持って両手を動かさずに走る動きは、見た目よりも難しいです。

準備する物
□フープ　□カラーコーン

あそび方

1. 地面にスタートラインを引き、5mほど先にカラーコーンを置く。
2. チームに分かれ、先頭の子がフープの輪の中に入って持つ。
3. スタートの合図で、フープを持ちながら走り、カラーコーンを回って戻る。
4. 次の子にフープを渡し、交代する。

発達のサイン
バランスを取り、ケンケンに挑戦する

五感以外に「前庭覚」と「固有受容覚」(※)という2つがこの頃には大切です。普段あまり意識しない感覚ですが、3歳頃に体が斜めになったら、重心を立て直すなどのボディイメージが身につきます。

※前庭覚…耳の奥にある三半規管を通して、重力や体の傾き、スピードなどを感じる感覚。
※固有受容覚…自分の体の位置や動き、力の入れ具合を感じる感覚。

あそび 74
ロープであそぼう

 体　 言葉　 感覚　関わり

対象年齢　3歳頃

ロープやタオルなどを使って引っ張り合うあそびです。両手でしっかりと握り、ひざを曲げて体を後ろに倒すのがコツです。

準備する物
□ロープやタオルなど　□ビニールテープ

あそび方
● 床にビニールテープで目印をつけ、互いにロープを持って引っ張り合いをする。「ここから出たら負け」「急に手を離さない」などのルールを決める。
● 2人の力に差がありすぎないよう、保育者が配慮する。

💡 POINT!

日常生活の中で引っ張るという行為は意外と多くはありません。子どもたちは押すのは得意ですが、引っ張るために足を踏ん張ったり体重を移動したり、さらに強くひもを握ったりする体の使い方は意外と難しいのです。でも、力加減やバランス感覚を磨くには、最高のあそびです。

92

発達のサイン  姿勢を保持する

姿勢を保持するためには体の軸となる体幹が大切です。体幹が鍛えられると、姿勢の安定やバランス感覚の向上につながり、「できた」の体験も増え、自己肯定感も高まります。

あそび 75
木のぼり

 体　 言葉　 感覚　 関わり

対象年齢 3歳頃

木のぼりは既成の遊具とは違い不安定要素が多いので、空間能力や判断力が鍛えられます。

あそび方

まずは枝にぶら下がってみる。体を揺らすだけでも十分楽しいあそびになる。

⚠ 木にのぼってあそぶ際、そばについて注意深く見守りましょう。

⚡POINT!

園庭に実のなる木などがあれば、のぼるモチベーションが自然と高まりますが、木のぼりができそうな木であれば、のぼるための補助台（ビールケースのようなもの）を置くだけでも、チャレンジする姿が見られるようになるでしょう。

あそび 76
磁石の魚釣り

 体　 言葉　 感覚　 関わり

対象年齢　3歳頃

釣り竿や魚との距離を測りながら、釣りをします。子どもがオリジナルの魚を製作すれば、さらに楽しめます。

準備する物
- □ ストロー　□ たこ糸　□ 画用紙　□ 磁石
- □ ブルーシート　□ ペン

作り方
- 釣り竿は、ストローの先端にたこ糸を結び、たこ糸の先端に磁石をくくりつける。
- 魚は、画用紙などにペンで色をつけ、切り取って裏面に磁石をテープなどでつける。

あそび方
1. ブルーシートを敷き、作った魚をランダムに置いておく。
2. 釣り竿を使って、魚を釣り上げる。

⚠ 子どもが磁石を誤飲しないよう注意し、必ずそばで見守りましょう。

POINT!
釣りたい魚に合わせて空中で釣り竿と糸を停止させるというのは、じつは難しい行為です。空中で姿勢を保持することは、自分の体をコントロールするためにも大切です。習熟度が高まれば、磁石ではなくクリップなどに引っかけて釣るタイプに発展させてもおもしろいです。

発達のサイン はさみで一回切りや直線切りをする

3歳頃は、表現活動という限定的なはさみの使い方だけではなく、はさみという道具を使って体の感覚で何度も楽しむようになります。

あそび77
はさみでチョキチョキ

体　言葉　感覚　関わり

対象年齢 3歳頃

この時期に思う存分、手や指先を使うこと、それもちょきちょきと体の感覚を通して繰り返すはさみの活動は、豊かな表現につながります。

準備する物
□はさみ　□紙テープ

あそび方

一回切りで、紙テープをたくさん切る。一回切り→直線（連続）切り→曲線切りの順番で、はさみを使う経験を増やしていく。

POINT!

苦手な部分があれば、以下のように行ってみましょう。
1. はさみを持った手だけを動かすのが苦手➡両手で違った動きをするあそびをたくさん経験する。
2. はさみを深く握りすぎて開けない➡指の第一関節のあたりではさみを持つ。
3. はさみが傾いてしまう➡空中で手を保持するのが難しいため、脇を締めて切るようにする。

発達のサイン 決まりを理解して守ろうとする

あそびや生活の中に「決まり」があることを少しずつ理解して、その決まりに則って行動しようとする時期です。子ども同士の中でも、順番を守る、交代するなどの姿が見られるようになります。

あそび78 メモリーゲーム

体　言葉　感覚　関わり

対象年齢　3歳頃

様々なルールのある関わりあそびの手始めとしておすすめです。最初にすべて表にしてからゲームを始めると、記憶力や集中力も高まります。当てずっぽうでもOK。楽しさを共有しましょう。

準備する物
□厚紙　□油性ペン

あそび方
- ○・△・□・☆などの記号を描いたカードを、記号の面が見えないよう裏にして並べる。「同じ記号を揃えよう」「同じ色同士を揃えよう」とルールを決め、絵合わせや色合わせのゲームを楽しむ。一番多く揃えた子が勝ち。
- 種類、枚数は、はじめは少なめに2～3種類程度にしておき、徐々に増やしていく。
- 最初は2～3人程度であそぶ。

作り方
6×12cm程度の長方形に切った厚紙を複数用意して、赤と青などの2色で○・△・□・☆などの図形を描く。

あそび79 ボールでサメゲーム

体　言葉　感覚　関わり

対象年齢　3歳頃

子どもたちがどきどきするような場面やルールを設定します。ゲームを通して、創造性や協調性をはぐくみましょう。

準備する物
□ゴムボール　□マスキングテープなど

あそび方
1. 床にマスキングテープなどで円を3個くらい描いて島に見立て、子どもは円に入る。
2. 子どもは円から円に移動し、保育者がボールを転がして円の外にいる子に当てる。ボールをサメに見立てて、「サメが来るぞー」など、イメージが広がる言葉をかけると盛り上がる。

POINT!
このゲームは、ルールのあるボールあそびの中で、「円の中では安全」「外でボールに当たるとアウト」という、3歳の子どもでも理解しやすい最もシンプルなあそびです。ここから発展して、ドッジボールなど複雑なルールがあるボールあそびもできるようになっていきます。また、慣れてきたら、ボールを転がす役目を子どもたちが経験できるようにしましょう。ボールを投げる前段階の、「転がす」という動作の習得につながります。

発達のサイン 自分の経験を言葉で伝えようとする

「庭にカマキリがいたよ」など、盛んに自分の経験を言葉で伝えようとする姿が見られます。語彙数も1,000語以上に増え、質問に答えたり、理由を言ったりします。あそびの中で言葉をどんどん吸収していきます。

あそび80 探しっこクイズ

体　言葉　感覚　関わり

対象年齢 3歳頃

保育者とクイズでやり取りしながら、語彙力をはぐくむあそびです。子どもは、自分で考えて言葉にすることも身につきます。

あそび方

保育者が、「赤いものなーんだ？」「丸いものなーんだ？」「冷たいものなーんだ？」など、連想するものを探すクイズを出す。保育者と子どもの1対1であそんでも、子ども数人に対して保育者が出題してもOK。3歳児の語彙力で連想できるよう、身近な色や形、冷たい・温かいといった、なじみのある形容詞などをお題にする。

POINT!

クイズは、出題する人の話をしっかり聞く、問題の意図を理解する、自分で考えて答えを導き出すなど、様々な力が培われます。子どもが答えた内容に対して、その答えにまつわる話をして（例えば「リンゴ」と答えた子がいたら、「リンゴ、好きな人？」と聞くなど）、子どもの伝えたい言葉を聞く機会を作るのもよいでしょう。慣れてくると、子どもが出題する側にまわる姿も見られます。

あそび81 絵本で言葉あそび

体　言葉　感覚　関わり

対象年齢 3歳頃

普段から読んでいる絵本を使ってあそびます。絵本の印象的な場面などに出てくるフレーズを選び、掛け合いながら楽しみましょう。

準備する物
□絵本

あそび方

- 絵本をただ読むだけではなく、絵本の中に出てくる言葉を使ってあそぶ。
- お気に入りの場面やフレーズを見つけて、みんなで口ずさんだり、合言葉にしたりしてあそぶ。

3歳の言葉あそびにおすすめの絵本とフレーズ

『おおきなかぶ』
再話：A・トルストイ／訳：内田莉莎子／画：佐藤忠良／福音館書店刊

フレーズ「うんとこしょ どっこいしょ」
力を合わせてかぶを抜く時に、リズムよく唱えるフレーズ。

『めっきらもっきらどおんどん』
作：長谷川摂子／画：ふりやなな／福音館書店刊

フレーズ「めっきらもっきら どおんどん」
主人公が歌った自作曲で、おまじないの呪文でもある。

発達のサイン 協同あそびをし始める

生活経験や語彙力が増してくると、友達と一緒にイメージを共有しながら、それぞれが役割分担をする協同あそびを楽しむようになります。

あそび 82
なりきりごっこあそび

体　言葉　感覚　関わり

対象年齢　3歳頃

お姫様などのシンボリックな衣装や、医者、警察官、消防士など、自分がなりたいものに「なれる」楽しさや、注射やお買いものなどの行為をまねする楽しさがあります。

準備する物
☐ なりたい姿の衣装や小道具など

あそび方
- 子ども同士でなりたい姿を決め、それぞれ衣装を着たり、道具を用意したりする。
- 役割分担よりも自分の「やりたい」が優先する時期なので、意見が割れたら保育者が仲立ちする。

💡POINT!

衣装を着ることで自分や相手がなりきりたいキャラクターが明確になり、最初は言葉がつたなくてもごっこあそびが成立します。それを繰り返す中で、様々な場面に応じた生きた言葉にふれることができます。

発達のサイン 外の世界に興味をもつ

好奇心と自立心が高まり、身近な外の世界に興味をもって自ら働きかけようとする姿が見られます。自然の不思議にふれて、「どうして？」「なんで？」の質問も増えていきます。

あそび83
雨の日散歩

体　言葉　感覚　関わり

対象年齢　3歳頃

子どもが感じたことを言葉にしやすいよう、質問したり子どもの質問に答えたりしながら、いつもと違う雨の日の散歩を楽しみましょう。

準備する物
☐ 雨具（レインコート、長靴など）

あそび方
- 雨の中で、レインコートを着て、園庭などを散歩する。
- 保育者は、「どんな音がする？」「冷たい？」「葉っぱの上には何がいる？」などと問いかけ、子どもが雨音を表現したり、冷たい・暗いなどと感じたことや気がついたことを言葉にすることを楽しむ。

⚡POINT!

普段見慣れた園庭も雨が降っているとまったく違った世界になり、子どもたちの「感じたことを伝えたい」モードが高まります。「びちゃびちゃ」「ぐちゃぐちゃ」「しとしと」「ザーザー」と、オノマトペ的な言葉もたくさん聞かれます。雨の日だけでなく、外の世界は心が動く場面が多いので、みんなの言葉を拾ってシェアするのもおもしろいです。可能なら、裸足になって直に雨の感覚を楽しみましょう。水たまりの中に足首まで浸かってみたり、泥水を手ですくってみたりと、「感覚」あそびにも広がっていきます。

色水あそび

体　言葉　感覚　関わり

対象年齢　3歳頃

身近にある草花などの自然物で色水作りに挑戦します。つぶした状態の手触りやにおい、水と混ぜた時の色の変化などを楽しみます。

準備する物

- □草花　□水
- □容器類(プラスチックカップ、ペットボトル、ポリ袋など)　□棒や石　□ティッシュペーパー

あそび方

- 容器に赤シソやアサガオ、ツユクサなどの草花と少量の水を入れ、棒や石でつぶし、水と混ぜて色水にする。ポリ袋の中に水と植物を入れてもみ込んでも作れる。
- 作った色水でティッシュペーパーを染めたり、ペットボトルなどに入れて、ジュース屋さんごっこをしたりしても。

⚠ 自然の植物を使う時は、アレルギーのある子やかぶれやすい子には注意しましょう。

POINT!

色水あそびで作れる色は、赤・青・黄とはっきりしたものばかりではありません。「〇〇みたいな色」と自分が知っているものと結びつけて表現したりするのを聞いていると、その子の体験している世界を垣間見ることができ、豊かな表現を感じ取れます。植物から色や香りが出ることに子ども自身が気づいたら、その発想に共感し、興味・関心を深めるヒントを出したり、絵本や図鑑を用意したりするなど環境を工夫しましょう。

発達のサイン 虫に興味をもって探す

自立心の高まりから自分で行動する範囲が広がり、園庭や散歩先にいる虫や飼育動物に興味をもって関わるようになります。身近な生きものの姿を通して、人間と自然との関わりや、生命を尊重することの大切さを感じ取っていきます。

あそび 85
生きものはどこ？

体　言葉　感覚　関わり

対象年齢 3歳頃

生きものを自然の中でつかまえるためには技術と多くの知識や経験が必要です。強い好奇心と探求心がないと、なかなか目的の生きものをつかまえられません。とった時のうれしい気持ちを想像しながら五感をフル活用してあそびを深めましょう。虫探しをしている時の子どもたちには、総合的な学びが起こっています。

準備する物
☐ 虫かごやカップ
☐ 虫めがねなど

あそび方
- 園庭や散歩先で、季節ごとの生きものを探す。「ダンゴムシは石の下に隠れているかもしれないよ」など、最初は虫を見つけるヒントを出してもOK。
- 年齢に合わせ、子どもたちが興味をもった生きものの絵本や図鑑をさりげなく保育室に置いておく。
- 虫をつかまえた時に入れられる虫かごやカップ、じっくり観察するための虫めがねを用意するなど、子どもの様子に応じて環境を構成する。

※春から夏にかけて見つけることができる身近な生きもの：チョウチョウ、バッタ、カナブン、ダンゴムシ、アリ、ミミズ、セミ、トンボ、カマキリ、カブトムシ　など

POINT!

大切なのは、保育者が生きものに興味をもっていることです。また、生きものの中には、ハチやムカデなど危険なものも多くいます。事前に保育者が危ない生きものについて、「ハチさんもいたずらされたら怒っちゃうよね」などと、子どもたちにわかりやすく伝えていきましょう。見つけた時の対処については、保育者同士で話し合っておくとよいでしょう。

発達のサイン　知的な工夫を楽しむ

様々なことに対する興味・関心が高まり、「なぜ？」「どうして？」と疑問をもったり、自分の手で変化を起こしたりすることを楽しむ姿が見られます。また、ほかの友達があそぶ様子を気にしながら、あそび方をまねたり、アイディアを取り入れたりします。

あそび86
砂場あそび

体 言葉 感覚 関わり

対象年齢　3歳頃

ひとりひとりがじっくりあそべるよう、スコップやバケツ、カップなどの道具は十分な数を用意しておきます。それぞれがあそぶなかで、少しずつ友達と関わってあそぶようになります。

準備する物
- □スコップやバケツ、カップなど　□水

あそび方
- みんなが同じ動きをするのではなく、好きなあそびができるよう、「道具であそぶ」「深い穴を掘る」など、場を調整する。
- 砂が水と混ざった時の変化を観察したり、感触を楽しんだりできるような言葉をかける。
- 砂を使ってままごとをしていたら、「おいしそうだね」「ケーキ屋さんみたい！」など、イメージが膨らむ言葉をかける。
- 道具を友達と共有できるよう、取り合いになりそうな場面では、「これ使いたかったの？今〇〇ちゃんが使ってるから、『貸して』ってお願いしてみようか？」など、気持ちの橋渡しとなるような言葉をかける。

⚠
- 砂の中に石などの異物が交ざっていないか点検し、あそびやすいようあらかじめ水を少しまいて砂をぬらしておきましょう。
- 汚れを気にせず思いきりあそべるよう、汚れてもいい服装になって、着がえやタオルを用意しておきましょう。

💡POINT!

3歳頃は平行あそびをする時期なので、砂場でも友達同士で協力して何かを作るよりは、一人でバケツの中に砂と水を入れ、混ぜて変化を楽しんだり、お団子を作ってままごとをしたりすることが多いでしょう。そんな中で、ほかの子のあそびを見ながらアイディアを取り入れたりすることで、少しずつ友達との関わりが増えていきます。
5歳頃になると、子ども同士で相談しながらトンネルを掘ったり、高い山を作って川に見立てて水を流したりと、数名で協力して大作を作るようにもなります。

発達のサイン　全身を使った動きをする

全身のバランスを取る能力が発達し、手足だけでなく全身を使って巧みに体を動かす姿や、固定遊具などを使いこなしてあそぶ姿が見られます。動きは活発ですが、制御する力は未熟です。

あそび87
うんてい どこまでできるかな

 体　 言葉　 感覚　 関わり

対象年齢　4歳頃

うんていにぶら下がっていられる時間を競い、子どもは自分の体重を支えられる腕力と腹筋を試します。下にマットを敷いておきましょう。

準備する物
☐ マット

あそび方
- うんていにぶら下がって秒数をかぞえ、いくつまでつかまっていられるか挑戦する。
- 最初は保育者が支えながら進む。徐々に補助なしで挑戦してみる。
- 前に進める子は、いくつ進めるか試してみる。
- ひとりひとりの「できた」につながるよう、「昨日は3までだったけど、今日は5までつかまっていられたね！　すごい！」など、言葉かけを工夫する。

＼ほかにこんなあそびも／
棒のぼり

園庭や公園にあるのぼり棒にも挑戦してみましょう。足がかりがないので、握る力、脚ではさむ力、力を入れる方向などの調整が必要になり、様々な力がはぐくまれます。

⚠ 安全面には十分に配慮し、保育者がそばについて見守りましょう。

すべり台列車 きっぷを拝見

 体　 言葉　 感覚　 関わり

対象年齢 **4歳頃**

すべり台を使った電車ごっこです。葉っぱをきっぷに見立て、すべり台の途中で駅員さんにきっぷを見せます。この時、速度を落としていったん止まるのがポイントです。

準備する物
☐ 葉っぱ

あそび方

❶ すべり台をすべる前に、「すべる人は葉っぱのきっぷを持ってね」と言葉をかけ、葉っぱを1枚拾って待つようにする。
❷ すべり台のスロープをすべり切る前の位置に保育者が立ち、すべっている子に「きっぷを拝見！」と言葉をかける。
❸ すべっている子はその位置で停止して、持っている葉っぱを保育者に渡す。
❹ 保育者が「ありがとうございます！」と言葉をかけ、子どもは再びすべりおりる。

POINT!

身体能力が発達して「速くすべる」ことに夢中になる時期ですが、制御する力も大切です。スピードを制御しながら見立てあそびも楽しめる、こんなあそびを取り入れてみましょう。

発達のサイン　ボールを投げることを楽しむ

両足でふんばりながら、振りかぶってボールを投げる姿も見られるようになります（上手投げ）。「〇〇しながら△△する」ことができるようになる時期なので、走りながらボールをけることも楽しめるようになります。

あそび89　おばけのバスケットボール

 体　 言葉　 感覚　 関わり

対象年齢　4歳頃

肩甲骨の可動域が広がるにつれ、頭の上からボールを投げられるようになります。的を作って、みんなでボール当てを楽しみましょう。

準備する物
- □ポリ袋　□新聞紙や緩衝材　□ひも
- □油性ペン　□ゴムボールや風船

作り方
1. ポリ袋に新聞紙や緩衝材などを詰め、顔などを描いておばけに見立る。
2. ひもをつけて天井から吊るす。

※ ボールは、当たっても痛くないよう、風船やミニサイズのゴムボールを用意する。

あそび方
天井から吊るしたおばけに向かって、ゴムボールや風船を投げ、当ててあそぶ。「今日はおばけをやっつけるぞ」など、イメージが広がる言葉かけを。ホールなどの広い場所に設定する。

POINT!
作ったおばけのボールに装飾をプラスすれば、保育室内に飾って楽しむこともできます。

あそび90
簡単ドッジボール

対象年齢 4歳頃

ボールに当たらないように動いたり、体でよけたり、様々な身体能力が発揮できるあそびです。

準備する物
☐ ゴムボール ☐ テープ

あそび方
① 床にテープをはって、大きな円を描く。
② 子どもたちは円の中に入る。
③ 円の中にいる子どもたちに向かって、保育者がボールを投げ、当たった子どもは円の外に出る。

💡POINT!
保育者自身が楽しそうにあそぶと、自然と子どもたちも楽しみます。時にはボールを投げる役を子どもに任せ、保育者も円内に入って逃げる側になっても。慣れたら写真のように、コートの形式にしてもよいですね。

発達のサイン　はさみで様々な形に切ろうとする

手指の巧緻性が増し、目と手の協応動作が発達してきます。はさみを使って、直線だけでなく、曲線など様々な形を切るようになります。楽しみながら、はさみを扱う姿が見られます。

あそび91
水泳選手になろう

 体　 言葉　 感覚　 関わり

対象年齢　4歳頃

この時期になると、はさみを上手に使えるようになります。少し難しい形を切るのが楽しい時期でもあります。そんな時は、みんなでスイミングゴーグルを作ってあそぶのがおすすめです。

準備する物
- 工作用紙
- 輪ゴム
- ビニールシート
- ポリ袋

あそび方
1. 保育者が工作用紙に下書きをした線に沿って、子どもがはさみで切っていき、スイミングゴーグルを作る。
2. カラーポリ袋で水泳帽を作ったり、青いビニールシートを床にはりつけてプールに見立てて泳ぐまねをしたりして楽しむ。

作り方
1. 工作用紙に、図のような形を下書きする。
2. 下書きの線に沿って、子どもがはさみで切っていく。
3. 穴の部分は2つ折りにして、はさみで中の円を切り抜く。
4. 両端に輪ゴムをかけて折り返し、ホチキスでとめる。ホチキスの針先が外側に来るようにとめ、テープでカバーする。

POINT!

曲線切りは「はさみを動かすのではなく、紙を動かして切ること」です。はさみを持っていないほうの手で紙を動かして、ゆっくりと切り進めていくように言葉をかけるのがポイントですが、①はさみの先を人に向けないこと。②はさみは座って使うこと。③使い終わったらケースにしまうことなども併せて伝えていきたいものです。はさみをマスターすれば、子どもたちの表現活動がダイナミックに変わります。

 **3本指の巧緻性が高まる**

4歳頃になると、箸やはさみを使ったり、ボタンをとめたりと、道具を使った姿が生活の中で多く見られるようになります。

あそび92
いろいろなこま

体　言葉　感覚　関わり

対象年齢 4歳頃

こま回しは、手首や指先を細かく使います。また、体の動きと目から入ってきた情報を連動させることも必要です。

準備する物
- CD-ROMなどの円盤
- ビー玉
- 油性ペン

作り方
CD-ROMなどの盤面に油性ペンで模様をつけ、中央の穴にビー玉をセロハンテープでしっかりと固定する。

あそび方
保育者が手本を見せ、こまを回してあそぶ。

 ビー玉が脱落しないよう、セロハンテープでしっかりと固定できているか確認しましょう。

＼💡POINT!／
こまを回す時は、指先でこまに回転をかけて回さないといけません。子どもが一人で簡単に回せるタイプのこまでも、基本的には指先の微妙な動作が必須になります。この3本指を使った繰り返しのあそびが子どもの手先の器用さを育てます。

あそび93
ゴムパターン

体　言葉　感覚　関わり

対象年齢 4歳頃

釘が打ちつけられた板に、ゴムをつまんだり、引っ張ったり、引っかけたりしながらあそびます。だんだん形をイメージすることも楽しむようになります。

準備する物
□釘を打ちつけた板　□カラー輪ゴム

あそび方
釘にゴムを何度もかけていく。習熟してくると、様々な模様を作り上げる表現あそびにもなる。素材を準備しただけの環境でも、子どもは創意工夫しながら活動するが、最初に完成形を提示して、まねをすることから始めてもよい。

POINT!

釘がさしてあるだけですが、具象画から幾何学模様まで無限に絵が生まれるあそびです。引っかけるところを少し変えるだけで、どんどん絵が変わっていきます。簡単なものから複雑なものまで、変幻自在な輪ゴムで自由に作品を作り出せるのが特徴です。シンプルだからこそ、あそび方や使う対象者に「広がり」があり、自由な発想でパターンを楽しむ姿が見られます。

発達のサイン　結ぶことに興味を示す

この年齢になると、何かにひもをくくりつけたり、何かをつなげるために結んだり、結んでぶら下げたり、「結ぶ」という行為自体が楽しくなるようです。「結ぶ」ができるとあそびだけでなく、表現活動も広がります。

あそび94 三つ編み作り

体　言葉　感覚　関わり

対象年齢　4歳頃

三つ編み作りは成果が目に見えるあそびで、子どもの指先の巧緻性を高めるだけでなく、自信にもつながります。集中してあそび込んだら、「すずらん美容院」(P.119)のように、関わりあそびに発展させていくとよいでしょう。

準備する物
☐ 3色のひも（すずらんテープなど）

あそび方
1. ひも3本の一方の端を重ね、机にガムテープなどでとめる。
2. まずは保育者が手本を見せ、「右から真ん中へ」「左から真ん中へ」を繰り返し唱えながら編んでいき、三つ編みを作っていく。
3. 三つ編みが作れたら、すべてほどいて、最初から繰り返す。

POINT!

毛糸やすずらんテープなどを使って三つ編みを編むだけですが、編み目がねじれないように軽く引っ張りながら、3本のひもを均等な力で編んでいくのは意外と大変です。ひもは3色用意して、次は何色を編むのかわかりやすいように、また、最初はある程度の太さがあるものを選ぶなど、編むことに集中する環境も大切です。

発達のサイン ものを上手に扱おうとする

動きを止めたり、ゆっくり体を動かしたりという、自分の思う通りに体を動かすための自己制御の活動も、4歳児にとっては楽しい活動になってきます。ものを丁寧に扱える自分に対しても自信がついてきます。

あそび95 イライラ棒

 体 言葉 感覚 関わり

対象年齢 4歳頃

手指、手首、腕を協調的に操作しながら、くねくね曲がった針金にぶつからないように、セロハンテープの芯を端から端まで移動させるあそびです。

準備する物
□割り箸　□ソフト針金　□セロハンテープの紙芯　□空き箱

作り方
❶ 割り箸の先端に、接着剤でセロハンテープの紙芯をつける。
❷ ソフト針金を曲げてコースを作る。
❸ ❷に❶の紙芯を通しておき、空き箱の両端に穴を開け、ソフト針金を差し込み、裏面で折り曲げて取りつける。

あそび方
両手で割り箸を持ち、ソフト針金の端からスタート。紙芯が針金に当たらないように、最後まで移動してあそぶ。

POINT!

道具の操作が苦手な子どもたちは、ゆっくりとした動作で正確に体を動かしていくことで、体のいろいろな部位を協調的に動かすようになります。あそびを通して、成功体験を増やすことができるでしょう。

発達のサイン ## ゲームを通して言葉の理解が高まる

体験していないこともイメージし、理解することができるようになってくると、会話での応答や、なぞなぞなど言葉でのあそびが増えてきます。

○×クイズ

対象年齢 4歳頃

準備する物
□ ○×カード（画用紙にペンで描く）

あそび方
❶ ○カードと×カードをそれぞれ1枚ずつ子どもが持つ。
❷ 保育者がクイズを出し、子どもは正しいと思うほうのカードを見せる。

（例）「お客さんがおうちにあそびに来ました。その時に言う言葉は『いらっしゃいませ』。○か×か？」

一般的に、クイズは解答者の知識が豊富なほど正解しやすいですが、○×クイズは正解が「○」か「×」の二者択一なので、月齢が低い、知識が乏しいなどでも勘によって50％の確率で正解できるあそびでもあります。クイズを楽しむ導入のあそびとしても楽しめます。

＼ POINT! ／

日常のあいさつや社会のルールを伝える時は、解説して頭で理解するよりもクイズ形式で楽しみながら行うほうが、子どもたち全体の理解が進みます。

あそび 97
王様じゃんけん

体　言葉　感覚　関わり

対象年齢　4歳頃

じゃんけんのグー、チョキ、パー3つの勝ち負けの関係を理解し、瞬時に考えて手を出します。思考力と瞬発力、リズム感が身につきます。

あそび方
1. 1人が王様役になり、ほかの子は王様の前に一列に並ぶ。
2. 王様と1対1でじゃんけんをしていく。王様が勝つと王様の後ろへ、負けると、子どもたちの列の一番後ろに並び直す。

POINT!
王様と勝負する時には「お辞儀をする」といったルールを取り入れ、お辞儀をしていないと王様が指摘するというゲームにするのもおもしろいです。王様の冠、王様の椅子などを加えていき、言葉づかいも王様らしくといった展開も楽しいあそびになります。

あそび 98
頭の文字で言葉あそび

体　言葉　感覚　関わり

対象年齢　4歳頃

最初の文字が同じ言葉を探すあそびです。散歩の移動時間や、ちょっとした隙間時間でも楽しめます。

あそび方
1. まずは保育者が、「最初に『さ』のつくものはなんだ？」というように問いかける。
2. 慣れてきたら、「『さ』のつく果物はなんだ？」と限定し、レベルを上げていく。

POINT!
言葉に興味をもち始めたら、道具も何もいらないあそびができます。しりとりは定番ですが、「てぶくろ」➡「ろくぶて」のような逆さ言葉、「しんぶんし」「にわのワニ」のような回文、「かっぱ、らっぱ、かっぱらった」のような、同じような言葉の羅列など、子どもたちは喜んで覚えようとします。しりとりや連想ゲーム、逆さ言葉など、言葉を使った様々なあそびを取り入れれば、さらに言葉を身近に感じられるでしょう。

発達のサイン 仕事に憧れを感じ、まねをする

子どもたちが何かに憧れる感覚は、「あんなふうになりたい」「あんなふうになるにはどうしたらいいかな？」という観察から生まれてきます。それが生きる意欲や学ぶ意欲につながり、子どもたちのあそびの原動力になります。

あそび99 お当番活動

 体 言葉 感覚 関わり

対象年齢 4歳頃

お当番活動で大切なのは、①「責任感や達成感を得られる」②「活動することで認められる」③「誰かの役に立つ」です。あそびと同様に、子どもの意欲を高める関わりをしましょう。

進め方
- 子どもが普段の生活の中での当番活動（配膳や掃除など）をする際、子どもたちが自主的に行動できているか見守る。
- 日頃から、集団生活の中での当番の必要性や大切さを伝える。

POINT!
子どもにとって、お手伝いや当番活動は、仕事を任される特別な役割ともいえます。当番活動を通して、「自分もできる！」と自信をもてたり、役割があることで「必要とされている」と感じたりし、子どもの自己肯定感を高めていく働きかけを大切にしましょう。

発達のサイン 手先の細かな動作を楽しむ

様々な場面で手先の細やかな動きが見られる時期です。ぞうきんを左右逆にひねって絞る、箸で小さいものをつまむなどを楽しむようになります。

あそび100
ぷちぷち絞り

体　言葉　感覚　関わり

対象年齢 5歳〜6歳

ペンや箸を持つ時と同様に、ものを握って絞る手の動作は、親指と人さし指、中指の3本がちゃんと機能している証拠。絞るたびに出る緩衝材の音も楽しいです。

準備する物
□緩衝材

あそび方
緩衝材を20cm四方に切ったものを用意し、くるくると丸めてぞうきんのように絞って、ぷちぷちした音や感覚を楽しむ。何度もやりたがるので、十分な数を用意する。

POINT!

感覚あそびとしても楽しい緩衝材ですが、膨らんでいる部分をつぶそうとするにはひねったり強く握ったり、様々な手の筋肉を使うことにもなります。また、ぞうきん絞りという行為は、「指先の力」「力のコントロール」、そして「手首の柔軟さ」を養うので、スプーンを持ったり鉛筆で書いたりする時の準備にもつながります。3、4歳の頃はぞうきんを絞るのも両手で持って握るだけだったのが、5歳になると同じ方向から持って左右逆にひねるという動作が可能になってきます。子どもの姿に応じて、絞り方を伝えましょう。

発達のサイン 箸を上手に使ってみようとする

箸を使うためには、親指・人さし指・中指の3本が分化して動くことが大前提です。鉛筆を持った状態で、空中に「1」を描けるようになった頃に取り組みましょう。

あそび101
お箸であそぼ！

 体　 言葉　 感覚　 関わり

対象年齢　5歳～6歳

ものを箸でつまんで、移し替えるあそびです。一般的には、2歳で13cm、3～5歳で14～16cm程度が目安といわれています。子どもに合ったサイズを用意しましょう。

準備する物
- □ 箸　□ 食器や容器など
- □ スポンジ、綿、ストロー、アズキなど

あそび方
1. 子どもが扱いやすい長さの箸と、器を2つ並べる。
2. 一方の器に、カットしたスポンジや丸めた綿、2～3cmに切ったストローやアズキなど、難易度の違うつまむものを入れる。
3. 様々なものを箸でつまんで、器から器へ移してあそぶ。

POINT!
机と椅子を用意し、机上あそびコーナーを作るなど、落ち着けるスペースを用意します。事前に箸を持って歩かないことなど、安全面を伝えておきましょう。

発達の サイン	文字に興味をもって書こうとする

大人が書くものに興味を示したり、「なんて書いてあるの?」と身の回りの文字に興味を示す時期です。ただ文字を書くだけでなく、自分の気持ちや体験を言葉にすることも楽しむようになります。

あそび 102
手紙ごっこ

体　言葉　感覚　関わり

対象年齢 5歳～6歳

文字に興味をもち始めたり、友達との関係性が築けてきたり、「伝えたい」という思いが芽生えたりした時には、手紙ごっこが最適です。文字がまだ書けない子の場合は、絵手紙にするなどで「伝えたい」気持ちを尊重しましょう。

準備する物
☐あいうえお表　☐用紙　☐封筒　☐鉛筆など
☐郵便ポスト(空き箱などで作る)

あそび方
- 友達や保育者、保護者など、身近な人に宛てて手紙を書く。
- 手紙コーナーには「あいうえお表」などをはり、郵便ポストを設置しておく。文字の書き方を知りたがる子には保育者が手本を見せる。

💡POINT!

空き箱でポストを作って設置すると、手紙のやり取りが活性化します。また、手作りの切手も用意するなど、子どものイメージが広がる環境を工夫しましょう。文字を左右逆に書く鏡文字が見られる時期ですが、間違いを正すのではなく、「なんて書いてあるのかな?」などと、子ども自身が気づける言葉かけを心がけ、書く楽しさや喜びに寄り添いましょう。

| 発達の
サイン | **興味をもったあそびを継続的に楽しむ** | 今日楽しんだあそびを、明日も続きをやろうと楽しみにし、継続的にあそびに取り組む姿が見られます。因果関係や時間軸が理解できるようになり、翌日への見通しを立てる様子も見られます。 |

あそび 103
泥団子作り

体　言葉　感覚　関わり

対象年齢　5歳〜6歳

準備する物
□砂　□水　□目の細かい布

あそび方
- 泥で作った団子を磨いて、ぴかぴかの泥団子を作る。
- 継続的に取り組めるように、ひとりひとりの泥団子の置き場を確保し、子どもの要請に応じて作り方のヒントを伝えたり、上手に作る子がコツを伝える場を設けたりする。泥団子の絵本や図鑑などを用意するのもおすすめ。

もくもくと集中して取り組める環境を設定しましょう。どうやったらぴかぴかになるのか、工夫しながら作ります。

POINT!

ふるいにかけてさらさらにした砂に水を加えて団子を作り、乾いた砂をかけて手のひらでなでながら形を整えて、1日放置します。次の日、手のひらで表面を優しく磨いたら、ストッキングのような目の細かい布で全体を優しく磨き上げていくと、ぴかぴかの泥団子ができあがります。

発達のサイン おしゃれすることに興味を示す

かわいい、きれい、かっこいいなど、なりたい自分のイメージをもって、衣装や道具を作ったりするのが楽しい年齢です。自分だけに飽き足らず、みんなで一緒に楽しむ姿も見られるようになります。

あそび104 すずらん美容院

体　言葉　感覚　関わり

対象年齢 5歳〜6歳

おしゃれは「する」のも「してあげる」のも楽しい関わりあそびです。自分の経験を生かし、どんどんリアルなあそびにしていく過程で工夫したりアイディアを出したりすることで、様々な力が伸びていきます。

準備する物
□すずらんテープ　□ゴム　□リボン
□鏡　□空の容器（シャンプーなど）

あそび方
❶ 保育者が束にしたすずらんテープを、養生テープで机に固定する。鏡や容器を置いて、美容院コーナーを作っておくとより楽しめる。
❷ すずらんテープを細かく裂いて髪の毛に見立て、三つ編みにしてあそぶ。すずらんテープをゴムで結び、リボンを巻いてリボン結びをするのもよい。

POINT!
すずらんテープと厚紙でウィッグを作り、子どもの頭に装着できるようにしたら、子ども同士で美容院ごっこも楽しめます。髪型のリクエストを出すお客さん、髪をセットする美容師さん、片づけをするアシスタントさんなど、様々な役割になりきって楽しむとよいでしょう。

| 発達の
サイン | 様々なデザインに
興味をもつ | 「カラフル」「かっこいい」「おもしろい」「いろいろな形がある」「マークがきれい」など、様々なデザインに興味をもち始める頃。興味・関心の幅や世界が急激に広がりを見せていきます。 |

あそび 105
世界の国旗

 体　 言葉　 感覚　 関わり

対象年齢　5歳～6歳

導入として、最初に保育者が子どもたちに国旗を見せたり質問をしたりするところから始めましょう。国旗を通して世界を知りたくなるためのしかけです。

準備する物
□国旗の図鑑や絵本　□画用紙　□クレヨン

あそび方
❶ 最初に子どもたちが知っていそうな国の国旗を見せ、どこの国かを尋ねる。続いて、各国の観光地などの写真を見せる。
❷ 「この国について、知っていることはある?」と問いかけ、子どもは思い思いに発言する。
❸ グループごとに、図鑑や絵本を見ながら国旗の絵を描いたり、興味をもった国について、クイズを出し合ったりする。広い世界に興味を広げ、そこから食やダンス、歌などの異文化にふれるきっかけ作りに。

\💡POINT!/
実際、子どもたちに国旗のどんなところが好きなのかを尋ねてみると、「カラフルできれい」「たくさん種類がある」という素直な答えが返ってきます。国旗はシンプルなデザインながら、色づかいが鮮やかなものが多いので、子どもが興味をもちやすいため、ぜひ活用してみましょう。

発達のサイン **ものの長さや重さに興味をもつ**

語彙数が2,000語を超え、数の理解も進む頃です。長い・短い・重い・軽いといった、ものを数値化していくことは、この時期の子どもたちにとっては楽しいあそびとなります。

あそび106 測ってみよう

体　言葉　感覚　関わり

対象年齢 5歳〜6歳

ものの長さや重さを測るあそびです。手本を見せれば、子どもたちの「測りたい」モードが一気に高まります。

準備する物
- ものさしやメジャー
- ロープ（10cm・20cm・30cm）
- はかり　□玩具など身近なもの

あそび方
- 保育者が長さの違うロープを使い、「どっちが長いかな？」などと問いかけ、ものさしやメジャーで長さを測ってみる。
- 同様に、はかりなどを使い、身近なものの重さを比べてみる。

発達のサイン **様々なことを想像し、言葉にする**

連想ゲームとは、出題者から与えられたヒントから想像して、答えを当てる言葉あそびです。あそびながら想像力や語彙力が育ちます。子どもたちの様子や反応に合わせてヒントを考えましょう。

あそび107 いろいろ連想ゲーム

体　言葉　感覚　関わり

対象年齢 5歳〜6歳

連想ゲームを通して、楽しみながら想像力や言語表現をはぐくみます。右上の4つのあそび以外のアイディアを加えてやってみてもよいでしょう。

【連想ゲーム4種類】　**あそび方**

❶ お題しりとり……「動物」「赤いもの」など、特定のカテゴリーに限定したしりとり。
❷ ヒントで連想……「白くて、空に浮いていて、ふわふわしている」など、ヒントを出す。
❸ イメージ連想……一枚の絵を見せ、感じたことを語り合う。
❹ テーマ連想………「海にあるもの」「遠足で食べたいもの」などテーマを設ける。

発達のサイン きれいになることに喜びを感じる

環境をきれいにすることに喜びを感じる力が育ってくる頃。自分が行動したことによって変化が見えることは、自己肯定感につながります。

あそび108
ぞうきんがけレース

体　言葉　感覚　関わり

対象年齢 5歳〜6歳

お手伝いの活動の延長として、ぞうきんがけ競争をやってみましょう。ぞうきんがけは下半身や腕が強化され、体幹を鍛えられるだけでなく、バランス感覚も養われ、自分の体をコントロールする力を身につけるのには最適です。

準備する物
☐ ぞうきん　☐ バケツ

あそび方
スタートとゴールを決め、2チームに分かれ、保育者の「よーい、どん！」の合図でぞうきんがけ競争をする。ゴール地点にバケツを置き、絞る動作をして次の子と交代。

💡POINT!
ぞうきんを絞るための「ねじる」が難しい子は、ぞうきんを立てて、右手を順手、左手を逆手のように、両手の向きがちぐはぐになるように持って絞ると、力が入りやすくなります。

発達のサイン
経験したことなどをあそびの中で友達と協同しながら再現しようとする

自分が見たり聞いたりしたものごとを再現したり、様々な材料や手法を使って表現しようとしたりする姿が見られます。子ども同士でいろいろなアイディアを出し合いながら、あそびを進めていこうとします。

あそび109
子どもファッションショー

 体　 言葉　 感覚　 関わり

対象年齢 5歳〜6歳

ファッションショーは単におしゃれをするあそびを超えて、演出する、演じるといった総合的なあそびになります。イメージを共有したり、意見を出し合ったり、ルールを自分たちで作ったりします。

準備する物
☐ ポリ袋　☐ リボン　☐ キラキラテープ
☐ ビニールテープ　☐ マスキングテープ

あそび方
- 子どもがテレビなどでファッションショーを見たことをきっかけに話が盛り上がり、ごっこあそびに展開。
- 洋服の土台になるポリ袋、飾りつけのリボンやキラキラテープ、ビニールテープなどを準備。子どもたちが自由に製作する。
- 子どもの要望に応え、床にマスキングテープなどをはってランウェイやセンターステージを作る。
- 子どもたちと話し合いながら、モデル役、スタイリスト役やカメラマン役、観客役など、様々な役割を再現してあそぶ。

POINT!
保育者は製作材料を準備したり、ファッションショーの資料となるような雑誌をさりげなく置いたりして、子どものイメージを実現するヒントを提供していきましょう。

子ども同士アイディアを共有して、助け合いながら洋服を作ります。

モデル役はランウェイを歩き、カメラマン役はカメラを持って撮影。

はじめは恥ずかしがっていた子も、周りの子に影響されて堂々と取り組めるように。

あそび 110
絵本でごっこあそび

体　言葉　感覚　関わり

対象年齢 5歳～6歳

絵本では語られていないイメージを言葉にして友達と共有し、登場人物になりきり、日常使っている玩具や道具を組み合わせて、想像と空想の世界を楽しみます。

準備する物
☐ 絵本　☐ 廃材
☐ 画用紙や色紙など

あそび方
- クラスで人気の絵本の世界を再現してあそぶ。
- 絵本のイメージをより再現できるように、製作材料を準備。子どもは絵本のキャラクターの衣装や小物を作ったりする。
- 子ども同士で役割を話し合いながら、なりきったり、話を膨らませたりしてごっこあそびを楽しむ。

『どうぶつサーカス はじまるよ』（作：西村敏雄／福音館書店刊）の世界を再現。ライオンがくぐる火の輪作り。

ぞうたちが水芸をするシーンを再現。背景となる虹の絵を、絵本を見ながら大きな模造紙にみんなで描いて。

■ ごっこあそびにおすすめの絵本

いろいろなキャラクターが出てきて、にぎやかなお話が繰り広げられる絵本がおすすめです。特に多様な人物が出てくる絵本は、ごっこあそびに転換しやすいでしょう。

『おたすけこびと』
文：なかがわちひろ／
絵：コヨセ・ジュンジ（徳間書店刊）

たくさんのこびとたちが重機を自在に操ってケーキを作る楽しいお話。こびとたちがかぶるヘルメットを作ったり、おもちゃをクレーン車やミキサー車など絵本に出てくる重機に見立てたりしてあそびましょう。

『おおかみと七ひきのこやぎ』
作：グリム／絵：フェリクス・ホフマン／
訳：瀬田 貞二（福音館書店刊）

おおかみが家に来るシーンの時、やぎ役の子どもたちで、「開けちゃダメって言われたよ」「みんなでやっつけちゃおうよ！」など、自由に会話してみると、それぞれの個性が表れておもしろいでしょう。

『11ぴきのねこ』
作：馬場のぼる
（こぐま社刊）

自由に会話を繰り広げながら、にぎやかなねこたちを個性豊かに演じて、物語の世界を広げていきましょう。絵本では、ねこは11匹ですが、何人でやってもいいですね。

『おばけかぞくのいちにち』
作：西平あかね
（福音館書店刊）

ほのぼのとしたおばけの家族を、自由ににぎやかに演じるとよいでしょう。「おばけ役」と「人間役」に分かれてそれぞれの世界を深めたり、おばけと人間のふれあいを楽しんだりするのもおすすめです。

あそび **111**
みんなで お店屋さんごっこ

 体 言葉 感覚 関わり

対象年齢 5歳～6歳

子どもたちが実際に見た店を再現するために、道具を作り、その職業に合わせて言葉づかいを変えながら友達とやり取りすることができるようになります。ほかの年齢の子も招待して、あそびの楽しさを共有しましょう。

準備する物
☐ 廃材　☐ 画用紙や色紙など

あそび方
- 身近なお店を題材に、子ども同士でイメージを膨らませながらお店屋さんごっこを企画をする。
- 子どもたちが作りたいお店に合わせて、商品や店員の衣装を作れるように、廃材や画用紙、色紙などの素材や、はさみ、のりなどを準備。クラスで盛り上がってきたら、散歩でお店屋さんを見学に行っても。

POINT!

「お休みの日に何をした?」「どこへ行った?」などのやり取りを大切にしましょう。その会話から子どもの興味・関心を捉え、あそびに発展させるのも一つの方法です。

発達のサイン 5歳児としての
責任感が芽生える

園の最年長として、友達を思いやったり、年下の子の面倒を見たりする姿があります。「こんなふうにやってみようよ！」とリーダーシップを発揮したり、役割を意識して行動しようとしたりする年齢です。

あそび 112
給食レストラン

体 言葉 感覚 関わり

対象年齢 5歳～6歳

栄養計算された給食を食べるだけでなく、どんな食材が使われていて、それはどうやって育てられたものなのか、誰が作ったのかといった、自分たちの口に入るまでの食材の物語を知るきっかけになるあそびです。

準備する物
☐発表するもの ☐描画材 ☐画用紙や色紙など

あそび方
- 当番の子が、その日の給食のメニューを保育者や調理員にインタビューして調べ、みんなの前で発表する。
- 教えてもらったメニューを「これはお肉だから赤の仲間」「ごはんは黄色の仲間」「お野菜は緑の仲間」などと分類しても。

〈三色食品群〉
赤の仲間：肉、魚、卵、豆、乳製品など
黄色の仲間：米、パンなどの穀物類、イモ類など
緑の仲間：野菜、果物、きのこ類など

POINT!
「当番」という誇らしい仕事をもち、友達や年下の子に説明したり教えたりすることで、「役に立っている」「必要とされている」という感覚が生まれ、それが自己肯定感につながります。インタビュー用のマイクやカメラを廃材などで作ってもよいでしょう。

3・4・5歳児の COLUMN

子どもの気になる行動が見られた時は

あそびの中で、ものを投げる、大声で泣き続けるなど、一見「保育者を困らせる行動」を取る子がいます。でも、その子は保育者を「困らせる子」ではなく、何をすればいいのかわからない、安心感がないなど、その子自身が困っているために、そんな行動を起こしているのです。その子の行動や言葉をしっかり受け止め、何に困っているのか、その子の思いに寄り添いましょう。

片づけも「結ぶ」体験の機会に

縄跳びの縄を使ったら、縄を結ぶところまで子ども自身ができるようにするとよいでしょう。2つ折りにしたもので輪っかを作り、先端を輪に通します。グニャグニャの縄は大人の想像以上に扱いにくいもの。保育者が輪っかを持って、子どもが先端を通すようにするとスムーズです。

〈くらき永田保育園の実践より〉
異年齢保育ではぐくまれるもの

くらき永田保育園では、3・4・5歳児を混合で3つのクラスに分け、異年齢保育を行っています。異年齢保育では、3歳児は自分にできないことができる5歳児の姿を見て憧れの気持ちが芽生え、5歳児もかつて自分が年上の子にやってもらったことを年下の子にやってあげようと、思いやりの心が生まれます。5歳児が憧れの存在になるように、5歳児が役割をもちリーダーシップを発揮できる機会を作ったりしています。例えば、3・4・5歳児向けのおもちゃを新しく取り入れたら、まず5歳児が試すことで、5歳児が自然と全体でのリーダーシップを発揮できるようにしています。

●参考文献
『新装版 子どもの絵の見方、育て方』(鳥居昭美／著　大月書店)
『0・1・2歳児の学びと育ちを支える保育室のつくり方』(鈴木八朗／編著　チャイルド社)
『0・1・2さい児の遊びとくらし』(鈴木八朗／編著　汐見稔幸／監修　メイト)
『「自然遊び」でひろがる0歳からの保育』(鈴木八朗／編著　メイト)
『40のサインでわかる乳幼児の発達』(くらき永田保育園／監修　鈴木八朗／著　黎明書房)
『子どもの育ちを支える「気づく力」』(鈴木八朗／著　中央法規出版)

profile
鈴木 八朗 (すずき はちろう)

くらき永田保育園園長、社会福祉士。母子生活支援施設くらきで社会的養護に関わり、同施設の施設長在任時に保育園を新設し、現在に至る。おもな著書に、『40のサインでわかる乳幼児の発達』(黎明書房)、『子どもの育ちを支える「気づく力」』(中央法規出版)などがある。YouTubeチャンネル「八朗園長TV」で保育の魅力を発信している。

0-5歳児
ひとりひとりの育ちによりそう!
発達応援あそび

2025年2月24日　第1刷発行

著　者	鈴木八朗	
発行人	川畑　勝	
編集人	中村絵理子	
編　集	猿山智子	
発行所	株式会社 Gakken	
	〒141-8416	
	東京都品川区西五反田2-11-8	
印刷所	TOPPANクロレ株式会社	

カバーイラスト ……… 藤井　恵
本文イラスト ………… 青山京子　有栖サチコ　常永美弥
　　　　　　　　　　　中小路ムツヨ　やまざきかおり
デザイン …………… 株式会社 chocolate.
　　　　　　　　　　(鳥住美和子　高橋明優　尾形舞衣)
校閲 ………………… 株式会社麦秋アートセンター
編集・制作 ………… 株式会社 KANADEL

©Hachiro Suzuki 2025 Printed in Japan

■本書の無断転載、複製、複写（コピー)、翻訳を禁じます。
■本書を代行業者等の第三者に依頼してスキャンやデジタル化することは、たとえ個人や家庭内の利用であっても、著作権法上、認められておりません。

●この本に関する各種お問い合わせ先
●本の内容については、右記サイトのお問い合わせフォームよりお願いします。https://www.corp-gakken.co.jp/contact/
【書店購入の場合】
●在庫については　　Tel 03-6431-1250（販売部）
●不良品（落丁、乱丁)については　　Tel 0570-000577　学研業務センター　〒354-0045 埼玉県入間郡三芳町上富279-1
【代理店購入の場合】
●在庫、不良品（落丁、乱丁)については　　Tel 03-6431-1165（Gakken SEED）
●上記以外のお問い合わせ　　Tel 0570-056-710（学研グループ総合案内）
●学研グループの書籍・雑誌についての新刊情報・詳細情報は、右記をご覧ください。学研出版サイト　https://hon.gakken.jp/